铁道警察学院规划教材

铁路犯罪现场勘查实训指导

刘秋莲／主编

法律出版社
LAW PRESS·CHINA

铁路犯罪现场勘查实训指导
编 写 组

主　编：刘秋莲

副主编：马　克　肖　凝

撰稿人：刘秋莲　马　克　肖　凝　袁桂娟　王　政

总　序

教材建设是公安教育训练的基础性工作，是提高人才培养质量的重要措施。当前，经济社会快速发展，执法环境和执法依据显著变化，公安理论和实践创新长足进步，公安科技成果不断涌现并在实战中广泛应用，尤其是公安招录培养制度改革的深入推进，要求公安院校的教材建设，不仅要立足公安研究和科技发展的前沿，还要着力培养学生的警务实战技能。学校升本以来，迫切需要编写一套既符合时代要求，又满足本科教育需求的规划教材。对此，学校党委高度重视，成立了教材编审委员会，多次召开会议部署推动编写工作，推动了本套教材编写的有序进行。

本套教材以习近平总书记系列讲话为指导，以公安招录培养制度改革精神为依据，坚持校局合作、协同育人，本校教师与公安实战部门专家紧密结合，着眼于强化实验实训教学，深入基层，贴近实战，贴近执法活动，充分吸纳了警务实践活动的成功经验和理论研究的最新成果。内容上，在阐述学科基本原理的基础上，注重培养实践运用能力，促进教学"精讲多练"。体例上，既要求规范统一，又为教师预留了发挥空间，鼓励学术探讨和争鸣，培养学生的科研意识和创新思维，提高学生的应用和实践能力。

本套教材分为理论教材、实训教程、实训指导等类型。理论教材指未列入国家或省部级规划教材建设的学校教育训练急需教材；实训教程指能同时满足理论和实验实训教学需要，理论精炼、突出实验实训内容的教材；实训指导指在已有的国家或省部级规划教材基础上，满足实验实训教学需要，培养学生实践能力的辅助教材。

本套教材在学校统一领导下，分工合作，集体编写。为保证内容与实战紧密结合，吸纳了公安一线专家参与教材编写工作。教材由各编写组精心组织、反复论证，并经相关领域的专家审核后定稿。相信经过组织者、编写者和出版者的共同努力，本套教材能够满足学校本科教学和在职民警培训的需要，为培养符合实战需要的高素质应用型公安专门人才发挥积极作用。

铁道警察学院

教材编审委员会

2016 年 9 月

编写说明

铁路犯罪现场勘查课程的主要特点是实践性强，它既有理论知识，又有经验方法和多种刑事科学技术的运用。如果仅凭课堂讲授，而无实际观察、分析、操作训练，则无法使初学者领悟其真谛。现场勘查训练就是理论与实践的结合，通过训练既可使学生巩固所学的书本知识，加深对理论的理解，又有利于增强其运用能力。

公安院校侦查学专业的培养目标是：具有扎实的理论功底和一定理论研究能力，掌握熟练的操作技能，适应刑事侦查工作需要的高级应用型人才。铁路犯罪现场勘查是侦查学专业的核心课程之一，因此，学生通过学习该门课程后，是否具备必要的现场勘查取证能力、分析判断能力和文书制作能力等，将是检验教学质量的重要标志之一。现场勘查训练就是培养学生获得上述能力最重要和最有效的途径。

为了加强铁路犯罪现场勘查训练教学，学院各级领导在实验室建设、教研和科研等方面给予了高度重视和大力支持，《铁路犯罪现场勘查实训指导》于 2015 年即被我院确定为院编规划教材之一。

本教程是依据《铁路犯罪现场勘查教学大纲》和《铁路犯罪现场勘查教案》的规定和要求编写的，是与《铁路犯罪现场勘查》教材相匹配、专门用于勘查训练的辅助性教材。在内容上与《铁路犯罪现场勘查》教材具有实质上的统一性；在教学实施顺序上具有密切的衔接关系，是教师组织训练教学、学生进行操作训练的重要依据，是整个现场勘查教学的重要组成部分。

本教程中使用了许多的案例素材，但限于篇幅和表达方式，有些未能列入，在实际训练中，我们将通过课件、现场录像和照片、课外作业等形式予以补充。同时，为适应现场勘查实际工作不断变化的需要，充分体现资料的新颖性，我们亦将根据新兴犯罪的现场特点不断收集和补充新的资料，以使教学更贴近实战。

本指导教材的编写分工为：刘秋莲编写绪论、第一章；马克编写第二章、第五章；袁桂娟编写第三章、第六章；肖凝编写第四章；王政编写第七章。教材由王政对案例设计、编写进行修改和提炼，最终由刘秋莲统一修改、定稿。

本指导教材的编写中，我们虽然尽了最大努力，但由于水平所限，书中难免有不足之处，敬请使用者谅解并指正。

《铁路犯罪现场勘查实训指导》编写组

2017 年 9 月

目录

绪　论

刑事犯罪现场勘查（通常称为犯罪现场勘查或现场勘查）是刑事诉讼程序中一项重要的侦查措施，是查清犯罪事实、收集犯罪证据的重要手段，现场勘查获取的材料是立案的重要依据。勘查工作质量的高低，直接关系到以后侦查工作的效率和成败。因此，现场勘查在侦查破案中有着非常重要的地位。现场勘查涉及的内容多，操作性强，在教学过程中，要求学生不仅要掌握系统的理论知识，而且应具备较强的勘查取证能力和分析判断能力，只有做到理论和实践相结合，培养出的学生才能更好地适应刑事侦查工作的需要。在教学实践中，结合理论讲授，有针对性地、系统化地开展现场勘查训练，是培养学生实际动手能力的重要方法。

一、现场勘查技能训练的含义

现场勘查技能训练（又称现场勘查训练）就是在《铁路犯罪现场勘查》教学过程中，根据教学需要进行设计，以真实的刑事案件现场和铁路刑事案件现场材料为基础，利用模拟现场和系列作业等，组织学生按照现场勘查的程序和要求进行的实际操作训练。其目的是通过训练，使学生全面掌握实施现场勘查的各项基本技能。

现场勘查训练具有以下几个特点：

（一）训练是根据教学需要进行设计的

现场勘查教学活动是有一定规律性的，勘查训练是系统教学活动的重要组成部分，训练内容必须符合本门课程的教学目标和要求，必须与理论教学相结合，要求规范、全面、系统，具有针对性。实际工作中已破案件的现场千差万别,往往各有特点,从理论上讲具有一定的重复性和片面性。而教学时间的限定性要求在教学内容的选择上必须有一定的全面性和侧重性。因此,训练内容就要进行必要的设计:一是根据教学规律和要求,在尊重现场材料的基础上,对有关情节、痕迹、物证的布局进行必要的调整、删改和补充,使之用于教学后更具代表性和针对性;二是充分考虑教学条件和教学效果,有目的地选择和设计训练科目。

(二)训练是以真实的刑事案件现场材料为基础

现场勘查教学的宗旨就是为公安侦查实践服务。因此,教学过程中必须坚决贯彻理论联系实际的指导思想,训练必须尽可能地接近实际工作。因而,设计的所有训练科目必须要以真实的现场材料为基础,既不能凭空臆造,亦不能任意取舍。

(三)训练的考核标准是现场勘查的程序和要求

整个教学训练过程中的取材、设计、准备、实施等阶段,最终要落实到提高能力这个根本目的上来。是否达到训练目的,学生的相应能力是否得到提高,关键是看考核的结果,而结果往往是由考核的标准决定的。为了培养真正适合现场勘查工作需要的实用型专业人才,就必须要以《现场勘验检查规则》规定的程序和要求为最高标准。

二、现场勘查训练的目的

现场勘查训练的总目的在于提高教学质量,培养适应侦查工作需要的、具有较强现场勘查实战能力的高级专业人才,以更好地为侦查破案工作服务。具体而言,就是学生通过本书所列各项训练,一方面能巩固和加深对所学理论的理解,另一方面能培养基本的现场勘查能力。通过系统训练,经考核合格者,应当具备以下各项基本能力:

(一)识别能力

即能够根据提供的情况,依据事物的特征辨别出其类别。一是能够根据提供的初步报案材料,识别出有无紧急情况及其类型,并能说出该类型紧急情况的特点及一般处置方法。二是能够根据现场初步情况识别案件现场的类型,并能准确说出该类现场的一般特点和保护方法、保护和勘查的重点及通常处置方法。

(二)处置能力

即能够根据勘查工作的不同阶段、不同情况,在进行综合分析判断的基础上,通过指挥、分工以完成相应工作的能力。这种能力包括:

1. 能够根据具体条件和环境，制定处置紧急情况的预案；

2. 能够根据对现场的观察和识别，确定现场保护的具体方法和实施步骤；

3. 能够根据对现场的观察和识别，确定勘查中应当完成的各方面工作，并能根据勘查力量进行合理分工；

4. 能够组织勘验人员开展临场分析，通过汇集材料、引导讨论、总结发言等得出初步结论。

(三) 操作能力

即能够按照规定的步骤和方法，通过自身的行为完成一定的具体工作。该方面的能力包括：

1. 能够根据现场情况，准确划定保护范围，恰当使用警用标志、划线、岗哨等方法完成对现场的保护；

2. 能够对确定的访问对象，依据其特点和访问目的、要求、步骤，通过询问等方法完成访问过程；

3. 能够根据模拟现场的具体情况，使用提供的勘查器材和设备，按照一定的步骤和程序实施实地勘验。通过勘验，能较全面、客观、细致、合理地发现、固定、测量、提取、记录现场中的痕迹物证等。

(四) 制作能力

即能够按照所涉文书的制作格式和要求，依据具体材料和情形，制作出符合规定的相应文书。现场勘查训练中需要制作的文书有：现场勘查笔录、现场访问笔录、现场绘图和现场分析记录。在现场勘查综合训练中除上述文书外，还包括现场照相、现场录像和现场勘查信息表的制作。

三、现场勘查训练应遵循的原则

为了真正实现现场勘查训练的目的，在训练设计、组织实施、考核总结等各环节中，都应遵循以下原则：

(一) 整体设计原则

犯罪现场勘查训练应当体现整体构思的特点，既要考虑整个理论教学的需要，也要考虑技能培养的需要。一方面要体现出层次性，即由易到难、由简到繁。设计训练内容时不要过于明显简单，同时要考虑到前后衔接。另一方面在整个训练安排上要考虑到不同场景、不同案情、不同侧重点，注意做到全面构思，分别设计，从而全面实现各项技能的训练。

(二) 尊重客观、务求真实的原则

犯罪现场勘查训练的内容设计应以真实的案例材料为原型，既要考虑到现场勘查实际工作的规律和特点，也要照顾到教学内容的需要，做到尊重客观，合理设计，即基本内容要符合实际情况，做到“形象逼真”，需要变动的部分和整个现场所设计的时间、地点、痕迹物证、有关情节等内容的安排要合情合理，符合教学需要和训练条件。另外，在不影响逼真性的前提下，对有些内容，如痕迹物证、现场环境、访问内容、紧急情况的处理等可进行适当的删减或增加，以符合教学内容的深度和广度，使有限的训练能容纳更多的内容。

（三）遵循技能形成规律的原则

现场勘查训练的主要目的是锻炼、培养学生的实际工作能力，而这种能力是思维能力和行为能力的综合表现，有其自身独特的形成规律，实践中也不是一蹴而就的。因此，为此而进行的专门训练就应当依据和遵循这些规律。一是要先理论后操作。即在教会学生懂得操作步骤、规则、要求，以及知道如何做、为何如此做的前提下，再安排相应的训练项目，避免盲目性操作。二是由简单到复杂。即由浅入深、由单项到综合，逐步全面系统地训练学生发现问题、分析问题和解决问题的能力。三是进行重复训练。对一些较为复杂的技能，如现场处置能力、实地勘验能力、文书制作能力等，应当依据大多数学生的理解和接受能力安排重复性训练，以达到真正形成该项技能的目的。

四、现场勘查训练的基本内容

现场勘查是一项综合性的侦查措施，涉及多方面的技能和多学科内容。由于受学科分类、教学课时、训练条件等因素限制，学生应当掌握的各项技能不可能都列为本课程的训练内容。教学实际中，也是分别实施的，如现场照相和录像、现场痕迹物证的发现和提取等均由相应的学科承担，现场勘查训练中虽然用到这些技能，但并不作为训练内容而进行专门训练，这也体现了现场勘查的综合性特点。根据需要和分工，现场勘查训练教程所涉及的训练内容，主要包括以下方面：

1. 现场紧急情况处置训练，主要是根据现场勘查中经常遇到的各类紧急情况来设计的训练科目，训练的目的是使学生懂得识别紧急情况，掌握处置方法和要领。

2. 现场保护训练，主要是根据各类现场保护需要而设计的训练科目，目的是使学生学会识别现场，能够根据具体情况采取恰当的保护措施。

3. 现场访问训练，是根据不同案件现场、不同访问对象设计的训练科目，目的是训练学生掌握一般访问的程序和步骤，能够针对不同案件现场、不同对象实施针对性的询问，并能制作符合要求的询问笔录。

4. 现场实地勘验训练，主要是利用模拟现场进行的操作训练，目的是培养学生利用各种勘查设备和勘查技术对各类现场的实地勘验能力。

5. 现场勘查记录制作训练，主要是结合实地勘验训练、运用案卷等方式训练学生制作现场勘查笔录、现场绘图的能力。

6. 现场分析训练，主要是通过模拟现场勘验、教师提供的文档资料、案件现场录像等，培养学生依据资料就现场中的有关问题进行分析、判断、推理并得出结论的各项能力。

7. 现场勘查综合训练，这是根据学生已初步掌握的单项技能而进行的整合性训练，目的是检验学生掌握单项技能的情况，训练其独立、全面处理现场的综合能力，是真正体现学生勘查技能的训练。

五、现场勘查训练的基本方法

为了达到现场勘查教学的目的，根据训练的要求和内容，训练采取多种多样的方式和方法：

（一）观察性训练

观察性训练是指在特定条件下，学生按照教师布置的研究对象有目的地进行详细、全面、实际的观察，通过掌握研究对象的特有规律，以认识事物本质的教学训练活动。

该训练主要是培养学生的注意力、观察力、辨别力和分析力的方法。训练中采用播放实际工作中的现场勘查录像、回放学生操作过程录像、教师现场演示等均是观察性训练。

（二）分析性训练

分析性训练是指学生对教师布置的研究对象，在现有材料的基础上，运用逻辑判断、归纳、演绎推理等方法，进行综合的科学分析，并得出符合或接近于客观实际结论的教学训练活动。

该训练方法着重培养学生总结归纳、分析判断和解决问题的能力。训练中通过提供一定的文档资料，布置具有针对性的课后作业，让学生进行现场处置、现场分析等。

（三）操作性训练

操作性训练是指学生根据教师命题，按照规范化操作程序和要求进行独立、完整的实际操作，并达到预期效果的一项教学训练活动。

训练中重点采取模拟勘验的教学形式，强调“模仿”和“扮演角色”的方式，即依据真实的现场材料，模拟重建一个现场环境，分别安排学生担任不同的角色，承担相应的任务，按照真实现场勘查的步骤和要求，依照规定实施各个阶段的勘查行为。通过这种训练，目的是锻炼培养学生观察问题、分析问题、熟悉勘查步骤、制作勘验检查记录的基本技能。

（四）综合性训练

综合性训练是指经过一个教学阶段后，让学生综合运用所学知识和掌握的操作技能，将一些涉及多方面知识、多学科内容、多因素影响的较复杂的命题，按规范化程序要求，系统地独立完成教师命题的一项教学训练活动。

综合性训练是整个教学训练的重要形式，是在完成单项技能训练的基础上进行的，是培养学生综合、独立处理各种现场能力的主要方法。训练中学生需要运用已掌握的多种技能、多方面知识才能完成任务。教师一般不给予具体的指导，主要是掌握训练进度，观察发现问题，并做好记录，为综合考核收集依据。

训练方法是为训练内容和训练目的服务的，相同的内容可从多个角度运用不同的训练方法，以加深和巩固学生对问题的理解和技能的掌握；不同的内容也可运用相同的训练方法，只要有利于达到训练目的即可。因此，教学中采用何种训练方法，除考虑到训练内容的需要外，还应当根据具体教学对象、教师自身优势和训练条件综合确定。

六、现场勘查训练的基本实施步骤

遵循教学规律，依据教学计划和教学实施方案，有计划、按步骤地开展训练是现场勘查教学本身的要求，也是保证训练质量的重要环节。

现场勘查训练的基本实施步骤包括两个层次的内容：一是整体训练的实施步骤，即各单项训练的先后顺序安排；二是各单项训练的实施步骤。前者主要是遵循训练原则所确定的，一般按照先易后难、先简单后复杂、先基础后提高，同时尊重实际工作实施顺序而进行设计；后者主要是针对具体训练项目确定的，这也是训练的重点。

具体训练中为保证训练教学质量，一般应遵循以下实施步骤：

第一步，训练课题设计，这是保证训练质量的基础。一是在训练材料的选择方面，要在保证材料的真实性、代表性和针对性的前提下，尽量选择具有新颖性的内容，以体现现场的最新特点，使训练更贴近实际；二是在材料的使用方法上，应尽力做到科学性与可能性的有机结合，以实现训练的最大功效。为此，应指定专人写出详细的试验课题和设计书，并制订详细的训练计划，做好必要的理论准备。

第二步,训练准备,这是实现训练目的的重要保障。一是要选择并确定必要的指导教师。有些训练课题工作量大、牵涉面广,授课教师一人难以承担,因而需要多名教师集体协作。为此要选择那些业务精通、责任心强的专业教师共同承担指导训练的任务。二是抓好布置关,即根据设计书的内容和要求准备所需的设备和器材,选择合适的场所布置训练课题。三是抓好审查关,即认真审查布置好的训练课题,以便从中发现问题,及时修改完善,确保准备工作到位,不留漏洞。四是做好思想动员,首先向学生讲明训练的内容、意义、目的、要求,其次要讲明纪律、注意事项等,使学生做好充分的思想准备。

第三步,训练实施,这是保证训练质量的关键。一是指导教师要切实负责,真正发挥演示和督导的作用,组织学生按计划完成任务。二是要求学生"假戏真做",严肃认真,按照分工各司其职,严格按照规范化程序操作。

第四步,训练的讲评和考核,这是提高训练质量的重要条件。一是要及时讲评。尤其在初次训练时,学生操作不够熟练,要点掌握不准,存在不足较多,指导教师及时进行总结讲评,肯定其成绩,指出其错误、失误或不规范之处,有利于加深学生的记忆,同时也为下次训练质量的提高奠定基础。二是严格考核。指导教师对每项训练都应当细致记录,并依据考核标准认真评定每位学生的档次或分数,这既是教学过程的必然要求,也是对学生负责任的体现。

七、现场勘查训练的要求

为保证现场勘查训练的质量和效率,应当符合以下要求:

1. 现场勘查训练要特别强调互动性。要求学生认真听课、弄懂理论,并以所学书本理论知识为指导去解决训练中遇到的各种实际问题,以避免试验中的盲目性。同时要充分发挥学生的聪明才智和创造精神,对于训练中提出的各种实际问题,指导教师在考核中应给予充分肯定,在总结中应作必要的解释或答复,以培养学生的参与意识,调动其积极性,提高其应变能力。

2. 训练的组织形式,除演示性和部分分析性训练必须有全部学生集中观摩或听、看有关资料介绍外,均以训练小组为单位组织实施,每小组以不超过10人为宜。

3. 认真讲评,严格考核。每项训练,指导教师都要认真观察、记录学生训练情况,训练结束后要进行认真讲评,以肯定成绩、发现不足、纠正错误。每项训练都要制定评分标准,进行严格考核,总考核成绩要占该门课程期末考试成绩的40%。

4. 严肃认真,服从指挥。要求学生以临战的姿态参与训练,严格按照规范化程序进行。操作中要严明纪律,着装整齐,态度严肃认真,不高声喧哗,不擅离职守,按照分工各司其职,服从命令,听从指挥。

5. 爱护公物和各类训练器材,注意安全,节约使用耗材。

第一章　铁路犯罪现场保护实训

【教学重点与难点】

教学重点：铁路犯罪现场保护的步骤、顺序。

教学难点：铁路犯罪现场保护的方法。

一、实训原理

现场保护是指对犯罪现场进行警戒封锁，在勘查前使其保持案件发生、发现时的状态，在勘查中维护现场勘查活动顺利进行的一项专门工作。

（一）现场保护任务

我国《刑事诉讼法》第127条规定："任何单位和个人，都有义务保护犯罪现场，并且立即通知公安机关派员勘验。"这是一般义务范围，不具强制性，任务简单。

《公安机关办理刑事案件程序规定》第209条第1款规定："发案地派出所、巡警等部门应当妥善保护犯罪现场和证据，控制犯罪嫌疑人，并立即报告公安机关主管部门。"这是特定义务范围，即职责。具体任务是：

1. 核实情况，迅速报告

《公安机关刑事案件现场勘验检查规则》（2015）（以下简称《规则》）第14条规定："发案地公安机关接到刑事案件报警后，对于有犯罪现场的，应当迅速派员赶赴现场，做好现场保护工作。"公安保卫人员在接到报案时，应当对有关案件的情况进行初步的询问，认为案件属实时，应迅速报告负有勘验、检查职责的部门。

2. 划定现场保护范围，封锁现场

负责现场保护的人员，要维护好现场周围秩序，在现场勘查结束前，不许任何无关人员进入现场。

保护现场的通常做法是，划出一定的保护范围，把现场封锁起来，禁止与现场勘查无关的任何人进入，以保持现场的原始状态。

划定保护范围的一般方法。划定现场保护范围，应视现场的具体位置、环境和事态而定，有的要大些，有的要小些。对于重特大事件现场和复杂现场，只要现场环境条件允许，应尽量划定多层次的保护范围：第一层，外围区域（总体区域），限制公众进入，保护人员在此，设置接待站，用以与媒体、被害人亲友、事主、被害单位的负责人接洽，对媒体应热情接待，但不能擅自透露情况，应有指挥人员指定专人或警方新闻发言人按统一口径向媒体公布案情或现场勘查情况；第二层，主体区域，警方人员、车辆、紧急处置人员和增援力量在此，设指挥中心和休息联络指挥点，部分领导可到此；第三层，目标区域（中心区域），只许勘验检查人员进入。

常见的警戒措施有：

①设置“人墙”：现场保护人员利用自己的身体或组织群众组成“人墙”。适用事发于闹市区域和人车流量较大的现场，是在案情重大、来不及设置警戒线和障碍物时采用的临时性应急警戒措施。情况稳定后要撤掉。可根据人员数量决定“人墙”的疏密程度。

②设置障碍物、警示牌或拉开警戒带，划出警戒线：利用结实的绳索、绳带、铁丝或其他物品在保护区外的出入通道或周围设置警戒线、障碍物，辅之以警示标志，提示他人禁止入内，并在警戒线外设警戒岗哨把守，防止有人翻越或穿越警戒线，进入保护区。常用工具：警戒带、警示标志等。

③封锁交通道口，指挥现场交通：适用于现场范围大，案情特别重大或现场存有险情的情况。如果现场周围来往车流、人流量大，应视情况封锁交通禁止通行，并派专人指挥车辆、行人绕行。常用工具：口哨、指挥旗、指挥棒等。

④张贴告示、关闭大门、划出通道：适用于发生在室内、院内的现场。暂时关闭大门，禁止任何人进入，或根据情况划出通道，以供院内、楼内其他居民正常出入。

警戒现场时的同步工作：劝退或撤离现场围观人员；禁止无关人员进出现场；赶走家禽、家畜或将其入圈入笼；设置现场接待站。并且强调警戒现场同步工作的注意事项。

3. 根据现场情况，采取紧急措施

《规则》第 16 条、第 17 条规定，在现场保护工作中，常常遇到紧急情况，应视情况采取紧急措施。主要有：救助受害和受伤的人；排除险情，抢救财物；排除障碍，保障交通；制止犯罪，监视犯罪嫌疑人。

4. 收集对案件的反映，登记在场的证人

5. 向侦查人员汇报有关情况

《规则》第 19 条规定，在侦查人员到达现场后，现场保护人员应向侦查人员汇报有关情况，包括现场保护人员的基本情况、案件的基本情况、案件发生后的损失情况、现场保护的情况、有关知情人和疑人疑事等。

6. 在现场勘查指挥员统一领导下，继续搞好现场保护工作

（二）现场保护的要求

1. 及时赶赴现场对现场进行保护

2. 严格保守现场秘密

3. 要有高度的责任感

4. 要依靠群众

5. 要提高警惕

（三）现场保护的方法

1. 场所保护方法

针对现场所处的位置和环境（场景）分为：室外现场的保护方法、室内现场的保护方法。

室外现场的保护，通常是划出一定范围布置警戒，将现场封锁起来，禁止一切无关人员进入。常见的室外现场有：范围较大的室外现场；范围较小的室外现场；有道路通过的现场；发生在城市繁华街道或者人口稠密地区的现场；发生在住户院内空地上的现场；发生在交通工具内的现场。

室内现场的保护，通常是把出事的房间和进出该房间的路线，以及可能留有痕迹、物品的场所一起封锁起来，禁止一切无关人员进入。特殊情况下需要划出一定通道，以便于其他住户正常出入。常见的室内现场有：单门独院的室内现场；楼房内某个办公室或住户的室内现场；室内公共场所；其他范围较小的室内现场。

2. 铁路线路犯罪现场现场保护方法

铁路线路犯罪发生后，现场处于开放状态，防护条件差。另外，铁路工务部门对现场的救援、抢修和开通也会使铁路线路犯罪现场遭到变动或破坏。因此，铁路线路犯罪现场的保护，要从时间、空间、列车运行、保证通车等多方面因

素考虑。

①划定铁路线路犯罪现场的保护范围。根据线路现场特点,可以考虑设置多层保护圈:第一层是对犯罪现场最外围或周围的保护。保护人员的职责主要是限制车辆通过现场和阻止不必要的人员进入现场。第二层的保护设置在靠近现场中心的一定区域。本区域应设立一个指挥中心来协调犯罪现场的所有活动。第三层的保护是犯罪现场目标区域的保护。这一区域应进行最严格的控制,除勘验人员以外,严禁无关人员随便进入。

②铁路线路犯罪现场的保护方法。主要方法有:在通往保护范围的各条通道上,要设置警戒。在定范围基础上选定进入现场通道。进入现场时要对现场中心部位、痕迹、物证做出标志,对容易变动和容易被破坏的痕迹物证要记录其原始状况并且先行提取。遇到特殊情况,要对易受风吹、日晒、雨淋、雪覆等自然条件破坏的痕迹、遗留等采取遮盖等方法重点保护。对于零散的抛出物等痕迹物证和关键部位要派专人看守。

3. 常用痕迹物品保护方法

警戒法;标记法(定位法);遮盖法;架桥法(板桥法);铺垫法;转移法;提取法;等等。可根据场景和工具条件,单独或综合地采用这些方法。

①警戒法:指不进入现场内部,在现场周围设岗警戒看守痕迹物品的保护方法,适用于一般的室内现场。另外,某些室外现场,如地处偏僻地方的现场或不具备用其他方法进行保护的条件的现场,都可用警戒法。设岗看守时,既要注意防止人为因素的变动和破坏,还要注意防止和避免非人为因素对现场的变动,防止发生意外事件。

②标记法(定位法、圈记法):在发现有痕迹物证处用一些醒目的物品圈划、标记出来,以提醒告诫他人注意保护的一种方法。适用于三种情况:一是遇有某种紧急情况的室内外现场,必须进入现场或必须移动现场上的某些物品时;二是已发现的痕迹物品分布较分散,范围较大,随时会有被人为因素变动的室外现场,应结合警戒法加以保护;三是对某些可能存有犯罪痕迹的重点部位的保护。注意事项:在标记时应减少对客体物的变动;标记物要醒目;选用石灰等标记物时要避免对痕迹物品的污染。

③遮盖法:是指在痕迹物品上覆盖其他物品进行遮盖保护的方法。此法适用于室外痕迹物品在因气候因素影响将受到变动或破坏时的保护,也可用于遮盖现场一些敏感的客体物,以遮挡无关人员视线,保守现场秘密。注意事项:要用洁净、无特殊气味的遮盖物,以保护嗅源和微量物质;遇有恶劣天气时,要用严实不透水的遮盖物,并压上一定的重物或在周围挖出排水沟。

④架桥法（板桥法）：是对进入现场通道上痕迹物品的一种保护方法。当通道上遇有大片血泊、水迹等痕迹物质时，对地面上痕迹物证在其他保护方法无法保障通行的情况下，可使用悬空隔离法——板桥法。注意事项：板桥物要结实、牢固、清洁。

⑤铺垫法：当通道狭小时，对通道上的痕迹来不及处理又必须沿通道进入现场时，可使用干净纸板进行覆盖隔离——铺垫法。注意事项：铺垫物要干净，不能覆盖地面潮湿痕迹，以免痕迹被黏附吸收而变形。认识快速通道踏板在现场保护中的作用（快速通道踏板的使用和铺设方法归入本书第三章中）。

⑥转移法：是指转移现场上具有物证性质的物品或物体，以适当的方式加以保护的方法。适用于两种情况：一是存在某种特殊的紧急情况，必须及时转移物品或物体的室内现场，如火灾现场中的客体物；二是地处特殊位置的室外现场，如交通干线或铁道上的物品、尸体等，不立即转移会导致大规模交通阻塞等连锁反应的。注意两点：一是转移前一定要固定记录被移动物的原始状态、原始位置；二是要小心移动，选择适当部位或动作，以免造成该处痕迹的破坏或留下保护人员自己的手印等痕迹。

⑦提取法：在现场保护的过程中，用适当的方法将特定的物品进行提取的一种方法。适用于现场上易受变动、破坏或丢失的细小物品和贵重物品。注意两点：一是提取前一定要固定记录；二是此法应尽量少用。

注意：在保护过程中采用转移法和提取法，除做好标记和记录外，最好请见证人在场见证，按照物证的取得和保全方法进行处理。

4. 常用的尸体保护方法

针对尸体在现场所处的位置和环境，一般采用遮盖法、警戒看守法、搬运法、水中固定或打捞法等对现场进行保护。

5. 警察在现场的自我防护

警察的自我防护是现场保护的重要方面，是双向性的。一方面是保护自身安全的需要，这是人性化勘查观念的体现；另一方面是保全痕迹物证的要求，为的是防止检材或样本材料的交叉污染。具体就是，警察在现场既要注意防护来自现场的物理危害、化学危害和生物危害对自身的伤害，还要防止自身对现场环境与痕迹物品的污染破坏。防护部位主要有头部防护、手足防护和身体防护。常用防护工具：防护服（封闭式、半封闭式）、防护帽、防护眼镜、口罩、呼吸面罩、各种防护手套（防污染、防渗透、防腐蚀、防刺切等）、鞋套等。

6. 各种场景和紧急情况下对不同保护对象的保护

各种场景和紧急情况下，对不同保护对象的有效处置是另一层面上的现场保护，所以本项目的训练内容应与紧急情况处置的训练内容相结合。可以在同一题材下，设置紧急情况处置和现场保护两个角度的问题。

二、参考范例

2016 年 11 月 25 日 8 时 10 分，某站派出所民警在值班室接副站长电话报称：当日 7 时 30 分，车站办公室工作人员上班时，发现办公室有一扇窗户开着、玻璃被打碎，存放现金的柜子被撬，柜门呈开启状，请派人前来处置。

接报后所长立即带领民警携带装备赶赴现场，一是听取了报案人的情况介绍，了解现场及被盗情况。二是安排民警对被盗楼层周围用警戒带进行了隔离（对试图进入的人进行劝阻）。三是对中心现场办公室进行了暂时封闭，设置警示标志。四是安排民警对办公楼后方进行查看，用警戒带进行了隔离。五是当发现地面上留有足迹时，戴上手套、口罩用塑料盒进行了覆盖，并对发现的一只白手套用塑料盒进行了覆盖，对墙下的两枚烟蒂用干净无味的塑料盆进行了覆盖，对扔在墙外的一个电工包拍照后，放入一个干净塑料袋进行了提取（提取时在铁路职工或群众见证下进行）。六是安排一名民警在警戒带外进行看护，对试图进入的人进行劝阻。在公安处技术人员到达现场后，将现场保护和发现情况进行通报，并将提取的电工包等物证及时移交。现场保护一直到勘查结束。

在该案件中，派出所民警通过封锁重要部位进出口，设岗看守或设置屏障，严禁无关人员进入，保证了办公室内地面、办公桌、柜上痕迹未被破坏。通过设置警戒隔离带，划定现场保护范围，劝阻无关人员，防止了外围现场地面上的足迹及其他痕迹被踩踏破坏。在现场发现重要可疑物品后，立即派人看守，并采取了覆盖、提取的保护措施，通过用塑料盒覆盖手套和足迹，既保证了两件物证不被自然因素（风雨）破坏，又保护了其嗅源，为使用警犬提供了条件，通过用塑料盒覆盖烟蒂，保护了 DNA 生物检材。对电工包的直接提取防止了其被行人捡走，导致证据的灭失，实现了对现场的完整保护。

三、实训目的

通过该项训练，使学生能够在准确识别现场特征的基础上，说明现场保护的重点和方法，并能根据提供的现场保护器材，较熟练地按规范进行操作。

四、实训内容

（一）本节训练项目的设计元素有：室内现场；室外现场；保护人员；保护方

法;保护器材;操作规范。

(二)训练方法:现场保护训练可操作性较强,又具有一定的硬件设施,因此应以现场模拟演练为主,以课后作业训练为辅。

(三)作业题设计:为达到训练目的,应根据需要设计不同情形下的现场保护训练项目。但在目前教学条件下,不可能涵盖所有内容。实训中应包含以下具有代表性的内容:室内现场和室外现场的保护。盗窃案件现场和杀人案件现场的保护。当然,随着现代教育技术的发展,今后可使用虚拟现实技术重建或模拟不同场景的现场,建立交互式多媒体虚拟现实系统进行教学与训练,将会大大提高训练质量和水平。

五、实训组织

1. 训练对象与分工:45 人(一个中队)为一个教学训练单元,每个中队分为 9 个训练小组,每个小组 5 人。

2. 训练用品、器材和条件:音像资料、多媒体教学设备;现场保护中常用的器材、工具;模拟犯罪现场实验室、塑胶人体。

3. 训练步骤

第一步:教师在模拟犯罪现场实验室展示有关工具器材,讲解其功用和使用方法;

第二步:抽 1 ~2 个小组对教师设计布置的模拟现场进行保护方法的演练,其他学生进行观摩;

第三步:教师对模拟演练情况讲评;

第四步:布置课外案例作业题,要求学生按要求完成作业。

六、实训案例

【案例 1】

2015 年 11 月 6 日 8 时 12 分,某车站派出所值班所长接出站口民警报告,当日 8 时 10 分,火车站东出口,有一男子持刀砍杀出站旅客,有多名旅客受伤,在制止过程中,将该男开枪击伤,请派警力支援。现场布置在车站出口,有尸体 1 具,地面上有血迹多处、旅客行李物品若干,另有匕首、刀子各 1 把,弹壳 2 枚、弹头 1 枚,周围有旅客围观,出站通道被堵。同时,有两名受伤旅客,车站出站口、广场设有监控。

训练要求与提示:对此案犯罪现场划定保卫范围、确定保护方法,防止遗漏保护的场所。

参考结论:针对该现场具体情况,一是对受伤旅客、犯罪嫌疑人进行急救处置；二是迅速在现场周边拉起警戒带隔断，并专人看护，防止人员进入，并疏导旅客出站；三是对嫌疑人使用的刀子、现场的血迹进行重点标记看护；四是对民警枪支进行封存，中心现场的所有弹壳、弹头进行标记保护；五是立即对现场旅客群众、行李物品进行拍照、摄像和登记；六是立即对围观旅客自拍的照片、视频提取保存。

【案例2】

2015年11月20日21时15分，某高铁列车运行至某高铁线203千米+0.53千米处，撞到放置于道心的水泥立柱残片，机车排障器受损，机车停于204千米+0.35千米处。现场旁铁丝护网被剪开，线路两侧为灌木丛和田地（地面上有成趟足迹3枚），中心现场有烟蒂、矿泉水瓶等物，天气即将有雨雪。

训练要求与提示：对此案犯罪现场划定保卫范围、确定保护方法，根据现场和气候特点做好保护，防止遗漏保护的场所、物证。

参考结论：对线路上摆放的阻碍物，拍照、测量后移至路肩上，对因抢修、检修可能造成破坏的足迹、烟蒂、矿泉水瓶、作案工具等进行标识、遮盖或提取（提取时在铁路职工或群众见证下进行）；将线路两侧的桥隧、涵洞、沟渠、防护网，以及犯罪嫌疑人可能藏匿的处所、进出的路线等都纳入现场保护范围，拉起警戒带并安排人专门看护。对已经驶离现场的机车，派出所通知机务部门暂缓检修作业，等待技术人员对机车受损情况进行勘查后再进行作业。

【案例3】

2016年11月9日9时，某旅客列车快到终点站时，乘警接到4号车厢95号座位的旅客报案："自己打开放在103号座位上方行李架上的黑色挎包时，发现包内白色苹果笔记本电脑不见了，价值1.5万元。"现场行李架上可能留有指纹，座位旁边地面可能留有足迹，黑色挎包内的填充物不是失主的原有物品。

训练要求与提示：根据列车现场的特点，划定保卫范围、确定保护方法，做好保护工作，防止遗漏保护的部位、物证。

参考结论：接报后，乘警立即带领辅警来到案发车厢，一是打开执法记录仪对现场进行拍摄，包括周围的旅客。二是对失主进行口头询问，了解所带行李物品及被盗财物。三是戴上手套、口罩，找来干净的塑料袋对黑色挎包进行了提取。四是告知列车乘务（保洁）员、旅客暂时不要再触碰、擦拭放置黑色挎包的103号座位上方行李架和下方地面。五是将该排座位旅客设法临时安置到其他座位，将失主带至餐厅进行询问，安排辅警在该处进行看护（对试图坐下的旅客进行劝阻），直到技术人员上车勘查现场完毕。

【案例4】

某年6月25日上午9时许,某镇彰贤街7号发生一起盗窃案件。作案人以找寻宠物为名翻墙入院,再撬门入室进行盗窃,作案后又翻墙逃跑。盗窃现场位于彰贤街7号院内,此院坐西朝东,院门系双扇内开木质门。派出所民警到达时,院门已被房主打开。民警进院查看,见院内有一排坐南朝北的平房,由西向东数第一房门的门鼻被撬,门前1.8米处的地面上有长22厘米的木凿一把,穿过敞开的房门看见,室内物品翻动较大。由西向东数第二房门的门鼻也被撬,室内翻动较乱。据房主介绍,原有3万元现金锁在由西向东数第一房间的书桌抽屉内,已被盗走。此院西南角有一柴房,该屋北窗台上有蹬蹭痕迹,紧挨窗台的西院墙外侧也有一处明显的蹬蹭痕迹。当时天气晴朗、无风(见下图)。

问:该现场应如何划定保护范围?根据现场条件应采取哪些保护措施?

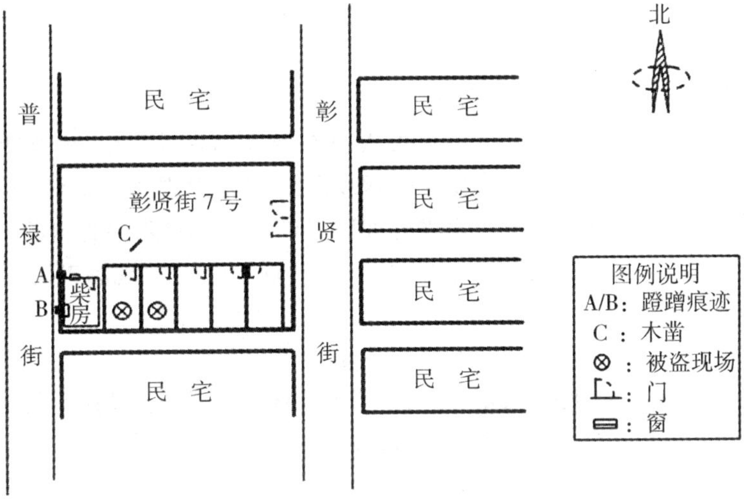

第二章　铁路犯罪现场访问实训

【教学重点与难点】

教学重点：铁路犯罪现场访问的方法。

教学难点：铁路犯罪现场访问的笔录制作。

一、实训原理

现场访问是侦查人员在现场勘查过程中，为查明现场情况，发现、收集犯罪线索和证据，依法对现场周围及附近区域了解案件情况的人进行查访询问、收集有关案件材料的一项专门调查活动。又称“现场调查”“现场询问”“现场走访”“现场访谈”。

（一）现场访问的要求

除随机走访外，正式的现场访问活动要按照有关法律法规关于询问的要求执行，并按规范制作询问笔录。

1. 及时询问

现场访问强调及时，是由现场勘查活动的随时性和时限性决定的。接报后，侦查人员迅速赶赴现场，及时展开调查，有助于侦查人员及早查明现场情况，获取有利于侦查的信息，果断决策。及时，还要讲究策略，掌握时机。如果遇到询问对象情绪失控、恐惧、担忧或没时间等情况，应“适机”询问，不要急于访问。否则，轻则导致双方不快，重则使访问对象对警方失去好感和信任而拒不回答或拒绝作证。

2. 个别询问

首先，个别询问适用于可以作证的询问对象。只有当侦查人员掌握的情况可以起证明或印证作用时，询问才具有针对性，正式进入实质阶段。此时，个别询问的要求才具有实际意义。其次，个别询问是指不能同时询问两个以上的访问对象，而应分头进行。最后，注意保守询问秘密。不能向被访问人特别是无关人员透露与案情有关的内容，不能将一个访问对象的陈述内容传给另一个访问对象。

3. 询问主体的权限和数量要求

现场访问的主体是具有侦查权（含勘查权）的县级以上公安机关侦查部门的侦查人员（含刑事技术人员）。不具有侦查权的公安人员，如派出所民警，在侦查人员带领或授权下也可以进行现场访问。当正式询问时，访问者必须首先向访问对象表明身份和说明理由，“出示公安机关的证明文件和侦查人员的工作证件”。正式询问时，出于完成任务的质量、询问人员的安全以及相互监督等方面的考虑，询问人一般不得少于两人。

4. 告知访问对象其权利和义务

正式询问时应当全面明确地告知访问对象依法享有的权利和应当履行的义务。可使用统一印制的“被询问人权利义务告知书”供访问对象阅读，并要求其在上面签名捺印，在询问笔录告知栏（第一问）中注明。

①访问对象的权利：有权用本民族的语言陈述；有权请求亲自书写证词，侦查人员应当为其提供书写亲笔证词的机会和条件；有权在访问结束后要求阅览、核实询问笔录；访问对象对于侦查人员侵犯或者限制其权利以及对其人身侮辱的行为，有权提出控告；对于不管是来自何人、用何种方式提出的歪曲事实真相、弄虚作假的要求，有权拒绝并进行控告。

②访问对象的义务：有如实提供证据、证言，据实陈述和明确回答侦查人员提问的义务；对侦查人员询问的情况和自己陈述的内容有保守秘密的义务；证人在接到公安机关的通知后，有按时到达指定地点接受询问的义务。

5. 严禁非法询问，保守询问秘密

严禁询问人采取威胁、引诱、暗示、欺骗、人格侮辱以及其他非法手段进行询问；禁止向访问对象泄露案情或表示对案件的看法；询问被害人时，应对其个人隐私保守秘密。

6. 对未成年人的询问要求

询问未成年人时，可以通知其法定代理人（父母或监护人）到场。

7. 对语言不通的访问对象的询问要求

当访问对象是少数民族人、外国人、聋哑人并且不能使用汉语陈述时，要按规定履行必要的手续，聘请翻译人员参加。

8. 规范制作询问笔录

向询问对象询问与案件有关的情况，应当制作询问笔录。询问笔录应按规范格式和要求制作。

（二）现场访问的内容

《规则》第 64 条规定了现场访问的主要内容。

现场访问的主要内容又称“访问主题”，是在侦查实践中对某一类访问对象或某一类案件的访问对象进行访问时，逐步形成的一些固定的话题。

其实，访问的具体内容繁杂而多变，因人而异。要确定具体的访问内容，首先应确定主题。一要结合访问对象与案件的关系来把握；二要结合案件类型和具体案情来把握；三要结合具体的访问任务来把握。把三种角度的访问内容结合起来，才能真正做到因人而异进行询问。

1. 因人而异的访问主题

（1）访问报案人、发现人，应围绕案件发现时的所见所闻进行询问。

发现案件的时间、地点及详细过程；

发现案件时看到的现场状态及其他有关情况；

发现案件后采取的保护措施及经过；

看到的可疑人及有关情况。

（2）访问被害人及被害单位组织的直接责任人员，应围绕案发经过、犯罪嫌疑情况、危害后果、案发前的异常情况等进行询问。

案件发生的详细经过；

犯罪嫌疑人的有关情况；

危害后果或损失情况；

案发前现场状态和可疑情况，财物存放情况；

对案件的看法。

（3）访问被害人亲属、关系较近的人，应围绕着被害人的详细情况、案发前后的异常情况、有无怀疑对象等内容进行询问。

被害人平时的活动规律、工作情况、经济状况、家庭状况、心理生理状况、个人爱好、有无嗜好、生活作风、思想品德、社交情况等；

案发前后的言行表现，有无异常情况；

对案件的看法，有无怀疑对象，根据是什么。

（4）访问知情人的主题较难确定，主要围绕着被害人及其亲属的情况、案发前后的异常情况、犯罪嫌疑人的情况、对案件的看法等进行询问。

被害人及其家属的有关情况；

案发前后或过程中听到或看到的情况；

犯罪嫌疑人的有关情况、犯罪嫌疑人与被害人的交往关系；

对案件的看法。

(5)访问现场周围及作案人来去路线沿途群众，主要围绕案发前后的疑人疑事、案发期间的异常情况、可疑人或车辆的特征、逃跑方向和路线、有无携带物等进行询问。

案发前后现场及周围的疑人疑事；

案发期间是否路经现场，是否发现异常情况，如异常的现象或声响等；

案发后看见的可疑人或车辆的数量、形象特征、逃跑方向、路线、有无携带物、携带物的数量和特征；

现场周围的环境、道路交通状况、人员活动情况和规律。

(6)访问有关行业的专家、技术人员，应根据工作需要围绕实地勘验检查、现场实验、现场访问中发现的疑难问题、专业问题、技术问题等内容进行咨询。

2. 因案而定的访问主题

盗窃案件应围绕着被盗现场及被盗财物的有关情况进行访问。杀人案件应围绕被害人的有关情况进行访问，如被害人未死亡，对被害经过和凶手体貌特征应着重访问。强奸案件应围绕案发经过、犯罪嫌疑人情况及被害人的生活作风等有关情况进行访问。抢劫案件应围绕犯罪嫌疑人和被抢财物的有关情况进行访问。几种性质交叉的案件，如强奸杀人案件、抢劫杀人案件，应围绕被害人、被抢财物和犯罪嫌疑人的有关情况进行着重访问。

3. 根据任务确定的访问主题

现场访问的任务和内容是紧密相关的。访问前，侦查人员必须清楚本案现场访问的任务是什么，即这次访问要了解什么情况、搞清什么问题、想知道些什么；向什么人去了解、怎样了解。

总之，现场访问的任务就是要查明现场的基本情况，从中发现线索、搜集证据，查找犯罪嫌疑人。

查明现场基本情况的主要内容有：

案件发生的经过。

行为后果：财物损失情况；人员伤亡情况。

犯罪嫌疑人情况。

现场痕迹、物品的情况。

案发前后的各种可疑情况：案发前的反常情况或可能与案件有关的可疑情况；案发时的特殊情况。

现场环境和人员活动规律:现场所处的位置、交通情况、周围环境人员进出和流动规律。

(三)现场访问的步骤与方法

1. 寻找、发现和确定访问对象

要在确定访问范围的基础上,寻找、发现访问对象,再确定访问对象所处的访问位置和访问顺序。

现场访问的一般顺序是:报案人、发现人、事主、被害人及其家属和其他知情人。这是根据访问对象与现场或案件关系的远近来确定的,通常分为三个层次:第一层次是报案人和发现人,处于现场访问的优先位置,这类访问对象一般不难寻找;第二层次是被害人及其亲属、关系较近的人、被害单位组织的直接责任人员,他们处于现场访问的中心位置,这类访问对象一般不难确定;第三层次是其他知情人,这类询问对象与现场和案件的关系比较复杂,不好判断,所以需要侦查人员深入现场周围的人群中去寻找发现。

寻找发现访问对象的主要方法有:从现场围观人员中寻找;从现场周围的居民、工作和停留人员中寻找;从经常途经现场的人员中寻找;从侵害对象的关系人中寻找;从作案人的来去路线上寻找;通过访问对象提供的线索寻找;通过基层组织、新闻媒体寻找。

2. 了解访问对象,明确访问任务,确定访问主题

(1)了解访问对象。由于访问对象的社会身份、个人经历和思想、文化状况的复杂性,加上与案件存在近远不一的利害关系,因此,除随访和走访外,对于针对性较强的访问活动,侦查人员事前都应充分地了解对方的情况,做到心中有数、有备而来。

(2)明确访问任务。每一个案件现场,或同一起案件的不同现场都有其各自的访问任务,要根据现场和案件的具体情况来确定,不能一概而论。侦查人员在访问前必须明确具体的访问任务,并分清任务的主次先后和轻重缓急。

(3)确定访问主题。一是要具有针对性,即根据案件和现场的实际情况、访问对象的具体情况来确定;二是要具有灵活性,即根据工作和任务的需要来调整、确定访问主题,不能一成不变。

3. 确定访问的时机和地点

访问的时机和地点对访问的效果影响很大。现场访问一般应选择有利于访问对象稳定情绪、解除顾虑和访问对象感到方便的时机和地点。

选择现场访问地点应注意以下问题:

不宜离现场太远;

避开公共场合和嘈杂环境;

避开犯罪现场和需要保护的地点;

有利于保密和保护访问对象。

除必要时需通知询问外,不要轻易将访问对象带到当地派出所或公安局进行访问。所谓“必要时”,是指以下三种情况:①案件涉及国家秘密时;②证人、被害人所在单位或其家庭成员及住处周围的人与案件有利害关系时;③证人、被害人在侦查阶段不愿公开自己的姓名和作证行为时。

4. 接近访问对象

接近访问对象要讲究方式方法。实践中,接近方式灵活多样,主要有:直接接近,如“自我介绍”和“借机访问”;间接接近,如“他人引见”和“秘密访问”。现场访问中一般不采用“秘密访问”的接近方式。

接近访问对象时,既要讲究语言问话艺术,又要善于利用举止、表情等非语言形式的特殊辅助功能。

5. 讲究提问,善于倾听

提问是倾听的前提,倾听又是进一步提问的基础,两者互为依存、相辅相成。

(1)提问

第一,要创造良好的谈话氛围。第二,要稳定访问对象的情绪。第三,要选择恰当的提问方式。第四,提问要注重语言艺术,还要注意适时、巧妙地运用简短语言、模糊语言、人体语言(无声语言)等,以增强语言的效果。第五,提问要善于处理以下情况:发现访问对象有思想顾虑时;发现访问对象在陈述中有没有讲清楚的问题或自相矛盾的问题时;访问对象突然停止陈述,谈话出现僵局时;提问涉及隐私问题时;等等。

(2)倾听

访问过程中的倾听也是一门艺术,没有倾听,下一步的提问就难以承续下去。侦查人员应集中注意力,认真、耐心、仔细地听取访问对象的陈述,不要急于打断其谈话,还应注意避免出现不耐烦、抢话、走神等问题。倾听的基本要求:①把握访问主题;②厘清对方思路,归纳陈述要点;③尽量、尽快地适应对方谈话特点(语速、语调、方言、口音等);④注意观察对方;⑤善于发现问题。

6. 引导和追询

(1)引导

所谓引导,是指侦查人员在访问活动中要始终处于主导地位,紧紧把握访问的主题和提问的顺序,控制整个谈话活动的走向,不能被动地跟着对方的谈话思路走。

引导应注意以下问题:一是提问要有逻辑性、确定性和针对性;二是不能暗示、诱导,不能约束访问对象独立、自由地回答问题;三是提出两个以上问题时,应按时间和逻辑关系的先后顺序依次提出,让访问对象逐项加以回答;四是当访问对象的回忆遇到障碍时,侦查人员可以采用接近回忆、相似回忆、对比回忆、关系回忆等方法引导推动其回忆,但不能提出具体情节让对方判断或选择。

(2)追询

所谓追询,是指侦查人员针对访问对象已陈述的内容,有针对性地进一步提问。追询可以使陈述内容中的有关问题更集中、更有条理,内容更准确、更清楚。追询主要有实质性追询和功能性追询两种方式。

追询应注意以下问题:①问话的语气要和缓,用语和方法要讲究;②对不便追问的话题应尽量避开,如与案件有关,应以其他方式询问清楚。

7. 结束访问

在需要询问的问题问清之后,应当及时结束访问。此时,侦查人员应先进行“兜底”提问,询问访问对象是否还有补充内容、所陈述内容是否属实等。然后,按工作要求核对询问笔录的内容,再根据有关法律要求和制作规范,将询问笔录交给访问对象核对,并进行确认(签名、盖章和捺指印)。

访问对象在核对后和确认签字前,应当允许其对笔录内容提出补充、修改意见,并按规范要求做好笔录。

访问对象请求自行书写证词的,侦查人员应当允许。必要时,侦查人员也可以要求其书写亲笔证词。

访问结束时,对于那些积极配合并如实陈述的访问对象,侦查人员应给予鼓励和感谢,以便建立良好的心理接触,为再次访问奠定基础。最后,应向访问对象交代有关事项,并与之交换联系方式。

(四)现场访问时侦查人员应注意的问题

1. 遵守社交礼仪,尊重访问对象。

2. 注意访问用语。

3. 掌握访问时间。

4. 把握对方心理,搞好心理转化。

(五)现场访问笔录的制作

现场访问笔录是对现场访问活动过程及其内容的记载。有正式笔录和非正式笔录之分。正式的现场访问笔录主要有两种文书格式:一种是根据访问对象的陈述,由侦查员按规范制作的询问笔录;另一种是应访问对象的请求或必要时应侦查人员的要求，由访问对象本人亲自书写的亲笔证词。

询问笔录是侦查人员运用语言文字的方法，依法制作的如实记载询问人提问和被询问人陈述内容的一种法律文书，是刑事诉讼中的重要证据。

1. 现场询问笔录的结构、文书格式

现场询问笔录的结构和文书格式，与侦查其他阶段的询问笔录并无二致，都按照法律法规的要求制作，按照统一的规范格式印制。其结构一般由首部、正文、尾部三部分组成。

首部。通常采用统一印制的格式纸首页，按栏目填写。主要信息栏目有9项。其中，告知项（告知问）一栏是侦查员向访问对象告知其权利、义务的内容，可使用统一印制的《证人权利、义务告知书》供其阅读并在上面签字，然后在本栏中注明。对于通过“自我介绍”认识和“他人引见”认识的访问对象，正式询问前，都应当核对、确认其身份。填写询问笔录的被询问人栏目时，应以身份证或户籍证明的登记为准。

正文（陈述事实部分）。正文是询问笔录的核心，一般采用问与答的形式记录。根据侦查人员的提问和访问对象的回答，把访问的内容全面、准确、客观地记录下来。应当注意笔录要真实地反映整个访问的情况，绝不能主观臆断，随意取舍。证明犯罪嫌疑人有罪、罪重的证言和证明犯罪嫌疑人无罪、罪轻的证言都要记录。对访问对象提供的物证、书证等证据材料，在笔录中也要记录下来，并说明其来源和所证明的案情。

尾部。尾部通常十分简短，但十分重要，否则不具有证据能力。笔录在交给访问对象核对后，要由访问对象进行确认。一般是在紧接正文末行的下一行（不空行）写明“笔录已经本人阅读，记载无误（和我说的一样）”或“笔录已向我宣读，记载无误（和我说的一样）”，并在其下方（不空行）由访问对象签名（盖章）、捺指印，写明年月日。如果访问对象拒绝签名（盖章）、捺指印的，记录员应当在笔录中注明。最后，侦查人员（含记录员）和翻译人员也应当在笔录上签名或者盖章。

2. 亲笔证词的结构、文书格式

亲笔证词是在侦查活动中，应访问对象本人请求，或必要时按侦查人员的要求，由访问对象本人自行书写的有关案件情况的文字材料。所谓必要时，是指以下情况：访问对象作证意愿不够稳定，容易反悔的；陈述的事实容易被访问对象否认推翻的；与关键证据相关的证人证言；犯罪嫌疑人的亲友、污点证人关于案件事实的陈述。亲笔证词经过查证核实的，可作为认定案件事实的证据之一。

亲笔证词包括首部、正文和尾部三部分:(1)首部。包括文书名称,即“亲笔证词”;证人或者被害人的基本情况;在何种情况下书写的,即写明是自行请求书写的,还是应侦查人员的要求书写的。(2)正文。是文书的主要部分。证人或者被害人应如实地写清时间、地点、人物及身份,事情的经过和结果,访问对象的感受、判断及其依据等。(3)尾部。证人或被害人应当在末页的最后一行证词下面签名(盖章)、捺指印,并写明时间。

3. 询问笔录的制作要求

(1)笔录要按访问对象的语气记录,应尽量做到客观、准确、全面。对于与案件有关的内容(包括肯定与否定两方面),要逐句记录,毫无遗漏,不作任何修饰、概括或更改。

(2)笔录一般按问与答的形式书写,同时反映出问与答的语气、态度,必要时可以把问与答双方的动作、表情记入笔录。

(3)笔录记完后,要递给访问对象亲自阅读或者向其宣读。如果访问对象提出补充和修改,应当允许。但修改一般只限于笔误的内容;补充一般只限于非关键字词。对于句子或关键字词的补充,应通过追问的方式完成。

(4)笔录应按顺序编号,由访问对象逐页签名、盖章或捺手印。对于修改、补充的内容也要一一盖章或捺印。

(5)笔录用纸需合乎要求,首页、续页最好采用公安机关统一印制的格式纸和办公用纸,访问的时间、地点、询问人、被询问人按栏目规范填写。

(6)笔录只能用钢笔(碳素或蓝黑墨水)或毛笔书写,不能用铅笔、圆珠笔和纯蓝墨水的钢笔书写,字迹必须清晰、工整,行文中间凡有空行、空格处必须由侦查人员按要求画线填满。

二、参考范例

2010 年 7 月 27 日 21 时 30 分,由西安开往天水的 16871 次货物列车进天水车站货场 1 道。7 月 28 日 7 时 40 分,发现机后 12 位,车号 P623 × × × × × × 号车厢施封锁缺失,车内货物装载的大米有明显短少,立即向派出所报案。

民警到达现场后发现,被盗货车运行方向左侧车门(外侧)施封锁丢失,上下加固铁丝被剪断,车门呈微开状态。车内叠放的大米袋有凹陷缺失,缺少数量 10 袋,在车门口处车底板上留有残缺的灰尘鞋印一枚。车前地面上有极少量的大米粒。

询问对象:

1. 报案人刘某元(男,30 岁,天水站货运员)反映,2010 年 7 月 27 日 21 时

30 分 16871 次货物列车进天水站货场 1 道，巡视中，P623 × × × × × × 号车厢施封锁是 × × 站的封，其他未见异常。早晨大约 7 时 40 分，带货主来提货时发现运行方向左侧车门开了一条缝，从车厢门缝中看到有丢失迹象，门口处货物有缺失。

询问笔录

时间　2010 年 7 月 28 日 19 时 30 分至 2010 年 7 月 28 日 19 时 40 分

地点　天水车站货场值班室

侦查员姓名、单位：× × × ×　某铁路公安处刑警支队

记录员　× ×　　　　　　　单位　铁路公安处刑警支队

被询问人　刘某元　性别　男　年龄 30 岁　单位　天水车站货场　住址　天水车站单身宿舍　联系电话 131 × × × × × × × ×

问：我们是某铁路公安处刑警支队的民警，现在就天水车站货场 1 道到达的 P62K × × × × × × × 车发生被盗的情况找你了解有关情况，根据刑事诉讼法的有关规定，你应当如实提供证据、证言，如果有意作伪证或者隐匿罪证的，要负法律责任。你明白吗？

答：我知道。

问：你的工作单位？

答：我在天水车站货场工作。

问：你是什么职务？

答：我是天水车站货场的货运员。

问：你们的班是怎么上的？

答：我是 2010 年 7 月 27 日晚上接的班。

问：P62K × × × × × × × 车是什么时间推到货场的？

答：2010 年是 7 月 27 日 21 时 30 分推到货场 1 道的。

问：被盗车推到货场以后你们进行检查了没有？

答：16871 次、机次 12 位 P62K × × × × × × × 车进入天水车站货场 1 道后，我对该车进行了检查，发现运行左侧施封“宝鸡”站，并未发现异常情况。

问：今天早上你对这个车再检查了没有？

答：今天早上 7 时 40 分左右，我带货主提货时，发现该车运行左侧施封脱落，车门开一缝，向里看车门处货物有明显缺失，有丢失迹象，我就向民警高朝阳报了案。

问：今天早上你们准备卸车时在货场有没有发现什么闲散可疑人员和可疑车辆？

答：没有发现有闲杂人，也没有发现可疑车辆。

问：你还有什么要补充的吗？

答:没有了。

问:你以上所说是否属实?

答:属实。

以上笔录我看过和我说的相符(签名并捺指纹)

2. 货主李某勇(男,42岁,天水市广源贸易有限公司经理,手机号:139××××××××)反映,7月23日西安东方公司发的货,数量应该是60吨。每袋50斤,应该是2400袋。到车站提货时,看到货场工作人员刘某元,就与其一起到货车停车地点,准备办手续提货,到车门前一看,车门没有封,车门微开,感觉事情不对,刘某元从门缝往里一看,发现门口的货有丢失。

询问笔录

时间　2010年7月28日19时45分至2010年7月28日20时00分

地点　天水车站货场值班室

侦查员姓名、单位:某铁路公安处刑警支队

记录员单位:某铁路公安处刑警支队

被询问人　李某勇　性别　男　年龄　42岁　单位　天水市广源贸易有限公司

联系电话139××××××××

问:我们是××铁路公安处刑警支队的民警,现在就天水车站货场1道到达的P62K×××××××车发生被盗的情况找你了解有关情况,根据刑事诉讼法的有关规定,你应当如实提供证据、证言,如果有意作伪证或者隐匿罪证的,要负法律责任。你明白吗?

答:我知道。

问:你的工作单位?

答:我在天水市广源贸易有限公司上班。

问:你是什么职务?

答:我是公司经理。

问:你的货是从哪儿发的,都装的是什么东西?

答:我的货是由西安东方贸易有限公司发的,60吨装化肥,每件40公斤。

问:你是什么时间知道货物到达的?

答:27日晚,天水车站货场电话通知我,说我的货已经到天水车站货场,让我28日去提货。

问:把你今天提货的情况介绍一下。

答:今天早上7时30分左右,我带车到车站货场后,就和车站货场工作人员刘某元到货场1道停车地点准备办理手续提货。到车门前时，我看到装我货的车车号是P62K ×××××××，车门微开，车门上施封锁已经不见了，刘某元从门缝往里看了一下，说看到里面装得货物有明显缺失。刘某元就向车站派出所民警报案了。

问：你到货场后看到其他车辆或异常情况了吗？

答：没有。当时我带得车也停在货场门口，没有进入货场。

问：你的货物清点了吗？

答：我来提货时发现货场有明显缺失，所以就报案了，并没有清点，现在还不知道丢失了多少件。

问：你还有什么要补充的吗？

答：没有了。

问：你以上所说是否属实？

答：属实。

以上笔录我看过和我说的相符(签名并捺指纹)

3. 发货人夏某海(男，46岁，西安市东方贸易有限公司经理，手机号139××××××××)反映，7月22日，我们给天水市广源贸易有限公司发大米，并监装货物，大米60吨，每袋50斤。一共装了2380袋。

询问笔录

时间　2010年7月28日20时05分至2010年7月28日20时20分

地点　西安东方贸易有限公司经理室

侦查员姓名、单位　××铁路公安处刑警支队

记录员　××　　　　单位　某铁路公安处刑警支队

被询问人　夏某海　性别　男　年龄　46岁　单位　西安市东方贸易有限公司住址：西安市和平街城中花园3号楼1603室　联系电话139××××××××

问：我们是武威铁路公安处刑警支队的民警，现在就到达天水车站的P62K ×××××××车发生被盗的情况找你了解有关情况，根据刑事诉讼法的有关规定，你应当如实提供证据、证言，如果有意作伪证或者隐匿罪证的，要负法律责任。你明白吗？

答：我知道。

问：你的工作单位？

答：我在西安东方贸易有限公司。

问：你是什么职务？

答：我是公司经理。

问：7月23日P62K ×××××××车从西安发出的，装车情况你能详细说一下吗？

答:我知道,这个车是我在7月22日监装的,发往天水,收货人是天水市广源贸易公司。

问:装车情况是什么?

答:装化肥60吨,每件40公斤,应装1500件,实装了1488件。在装车时,有12件袋子破了。当时害怕袋子破了收货人不提货,就没有装这12件。本来想再拉几件补上,但因时间紧,来不及了,就没有再补货。

问:你还有什么要补充的吗?

答:没有了。

问:你以上所说是否属实?

答:属实。

以上笔录我看过和我说的一样(签名并捺指纹)

三、实训目的

使学生了解犯罪现场访问的概念和对象,理解犯罪现场访问的相关法律规定,掌握犯罪现场访问的基本要求及任务,熟练地掌握犯罪现场访问的步骤、方法及询问笔录的制作要领,具备开展犯罪现场访问工作的能力。

四、实训内容

(一)模拟现场访问演示训练(含询问笔录制作训练)

本项目非单项技能训练,而是把现场访问的要求、内容、步骤和方法,以及笔录制作内容整合而成的一个针对特定对象、特定内容的谈话训练。要求学生将所学知识融会贯通,将抽象的文字内容转化为具象的人际沟通过程,并按规范做出笔录。因此,训练要求较高。

教师在演练前应交给学生一份案情设计材料供其阅读,以便其有一个可供演练的脚本。

学生应将访问的程序、要求、方法等通过语言交流和言行举止表演出来,以表明其对这部分内容的掌握程度如何。

学生模拟访问一结束,就须上交当场制作的笔录,以供教师批改。在训小组以外的学生可在观摩区观看演练过程,进行过程评判。有条件的,教师应对演练过程全程录像,供训后讲评之用。

访问演练中使用的笔录用纸、油墨、场地等由教方提供。

(二)询问笔录素材阅读和作业训练

阅读和作业训练主要是围绕笔录的格式和内容进行,检验学生对笔录规范格式的掌握和对访问内容、要求、技巧的把握。

训练方法是将编辑好的真实的询问笔录素材、案情材料及访问对象的背景材料发给学生,要求其从格式和内容两方面指出该笔录的不足或错误,然后上交一份更正过的笔录供教师批改。

五、实训组织

1. 训练对象与分工

45~46人(1个中队)为一个教学训练单元,每个中队分为9个训练小组,每个小组5~6人。采用分组轮训、分组考核方式进行演练。

2. 训练用品、器材和条件

音像资料、多媒体教学系统;笔录用纸、油墨、模拟访问场地。

3. 训练方法和步骤

采用模拟访问演练法、作业训练法、阅读训练法,训练学生的语言交流能力、观察判断能力、思维反应能力、协作配合能力、笔录阅读和制作能力。

训练按以下步骤实施:

第一步,教师发放给学生编辑好的真实的询问笔录素材、案情材料及访问对象的背景材料。

第二步,学生以小组为单位组织课外阅读、讨论。通过阅读发给的案情材料(脚本),选出其中某个案情人物作为访问对象,有针对性地开列需要询问的主题及内容,形成书面访问计划。

第三步,各小组根据访问计划进行分工。选出1人做现场指挥员,1人扮演访问对象,1人做笔录员,2人扮演侦查员。访问对象应根据案情材料内容回答所提问题。

第四步,领取制作笔录所需的笔录纸、笔、油墨等,进入演练场地。

第五步,按照访问步骤,演练从接近访问对象到结束访问的全过程,最后当场上交制作的询问笔录。

第六步,教师讲评演练情况,批改笔录。

第七步,发回制作的询问笔录,各组相互交换,每人以作业方式给笔录指错,并完成一份更正笔录予以上交。

六、实训案例

【案例1】

2013年12月17日7时45分,通州铁路公安处指挥中心接通铁路招待所客房部经理张某斌电话报称:2013年12月17日7时25分,招待所1楼服务员王某艳在客房清扫时发现1楼101室地面有血迹,旅客吕某芬躺在床上,头部蒙着被子,床单上有血迹,可能被人杀害了。请公安部门临场调查。

经勘查发现,吕双手被绑于身后,嘴被透明胶带封住,面部有数条浅表划痕,下身赤裸,地面上留有血泊,血泊中沾有毛发,桌上有吕某芬所带的笔记本1台,吕随身携带的钱包内现金1500元被拿走。

训练要求与提示:确定访问对象,重点查明死者的家庭情况、生活情况、网络交际情况,注意正确的访问策略和方法。

参考结论:注意对报案人、发现人的访问,对手机联系人、笔记本电脑中的QQ联系人的访问。

【案例2】

2008年12月7日7时45分,星海市公安局指挥中心接到平安区安居小区2号楼1单元101室居民夏某某电话报案称:今早7时40分我回家用钥匙打开房门后,发现家里被盗,丢失物品不详。经勘查,丢失37克的金项链1条,1万元现金和工商银行卡1个(写字台抽屉)。据小区保安李某(男,19岁)称,夜班凌晨1时30分,看到1名身着黑色衣服男子从小区走出,上前询问称是来看亲戚的。夏某某对门邻居李甲(男,60岁)称,半夜听到他家屋内有响动,大约是1时,以为是他本人,没理会。

训练要求与提示:确定访问对象,重点查明最近在小区做临时用工人员或来小区探亲访友人员情况,注意正确的访问策略和方法。

参考结论:注意对保安和邻居的访问,可自拟情节。

【案例3】

2012年6月5日12时许,某铁路公安处刑警支队接刘某(男,汉族,现年38岁;滨海市纪委监察处职工;现住址:滨海市城关区五湖路18号1单元504室;联系电话:138××××××××)电话报称:其中午下班回家后,发现妻子张某(女,汉族,现年32岁;籍贯:天水;滨海市“家家乐”超市老板)死在家中,家中有很多血。

接到报案后,某铁路公安处刑警支队的侦查员与技术部门于12时20分赶到现场。经初步勘查,现场位于滨海市城关区五湖路18号(市纪委家属院)1单元504室,室内物品被挪动,被害人张某呈头东脚西方向平卧于客厅地面上,头颈部下面的地面上有一摊血迹。被害人尸体头部、颈部、右手背有明显裂伤。经解剖,被害人张某系他人用锐器砍伤头部及颈部,致颈部血管破裂大量失血合并开放性颅脑损伤而死亡。

训练要求与提示:确定访问对象,注意重点查明案发时段前后出现的可疑人员,查找目击证人,注意正确的访问策略和方法。

参考结论:注意对邻居和张某生前同事、好友的访问,可自拟情节,注意访问材料的相互印证。

第三章　铁路犯罪现场实地勘验实训

【教学重点与难点】

教学重点：实地勘验检查的步骤、顺序、方法。

教学难点：犯罪现场痕迹、物证的发现、提取、送检。

一、实训原理

铁路犯罪现场实地勘验，又称现场勘验，是指刑侦人员为了发现、搜集证据，查明案情，揭露犯罪嫌疑人，运用感觉器官和科学技术手段，对与犯罪有关的场所和存在于这些场所的痕迹、物品、尸体以及与犯罪相关联的人的身体等进行的勘验、检查活动。实践中，实地勘验和现场访问同步进行。实地勘验的步骤与顺序如下：

（一）整体巡视

整体巡视，又称为整体勘验、巡视现场。是指勘查人员到达犯罪现场后，为了确定实地勘验范围、重点和顺序，对现场的内、外部状态及其周围环境进行总体观察和分析的一项侦查活动。整体巡视的主要任务是：全面巡视现场，划定勘查范围，确定勘查重点和顺序，开辟进入现场进行勘验的路线，划出现场通道。

1. 全面掌握现场情况，把握现场与周围环境的关系。

2. 划定现场勘验的范围，确定中心现场和外围现场，以及勘验的重点。实践中，划定现场勘验范围以及确定中心现场和外围现场并没有明确的界线和标准。一般要将犯罪活动涉足的地点和场所尽可能地包括在勘验范围内，这就需要勘查人员在巡视现场时，认真观察与搜寻，尽量找全犯罪现场，无论是主体现场还是关联现场,是中心现场还是外围现场,是预备犯罪的地点还是专门处理赃物罪证的地点,是犯罪行为的发生地还是犯罪结果的展现地,只要发现了,就要划入勘验的范围。

3. 确定实地勘验的起点和总体顺序。实地勘验的起点,既是指勘验活动的首要内容,又是指勘验活动在现场的起始部位,它决定了勘验活动的顺序。

4. 开辟进入现场的通道。即指定一名痕迹技术员先对通道地面上的痕迹物品进行保护性处理,以方便勘查人员进出现场。常见的划通道的方法有标记法、提取转移法、板桥法等。

5. 固定现场方位、全貌。巡视过程中观察到的现场环境和状态,发现的疑似出入口、可疑的痕迹物品等,都要由现场记录人员通过摄录像、绘图、笔录等方式固定下来。尤其是摄录像技术具有即时性强、操作便捷的特点,是整体巡视必不可少且优先采用的记录方法。

6. 形成实地勘验方案,合理进行勘验的组织与分工。检查现场保护的情况,选定现场勘验见证人,确定是否采取搜索与追踪,等等。

(二)局部勘验

局部勘验,又称初步勘验、静态勘验,是指勘查人员在整体巡视的基础上,根据已确定的勘验范围、重点和顺序,把现场划分为若干个部分,对其逐一顺次或分头进行观察、记录、研究的一项勘验活动。

1. 在已确定的勘验范围内,将现场划分为若干个局部。

2. 进一步固定现场局部状态。由记录人员拍摄现场局部照、绘制局部图、记录现场结构与布局。

3. 沿通道进入现场各个局部,全面观察,即时研究。

(三)个体勘验

个体勘验,也称"详细勘验""动态勘验",是勘查人员对现场上的各种痕迹、物品、人身、尸体逐一进行观察、检验、研究、固定和提取的一项勘验活动。个体勘验是局部勘验的延伸和细化,是一个由静态勘验到动态勘验的过程。

1. 寻找发现痕迹物品。现场上寻找发现痕迹物品主要集中于以下重点部位:现场的出入口;现场中心部位;作案人的来去路线;现场上被作案人触动过的物体及其周围;隐藏赃物和掩埋尸体处;作案人事先预伏和踩点处等。

2. 研究检验痕迹、物品、尸体和人身。对已发现的痕迹物品,要研究其与犯罪活动的关系,还要进行现场检验,确定痕迹物品的有关特征、特性,是否由某嫌疑对象所留等。

3. 记录固定痕迹、物品、尸体等现场细目。

4. 提取、保全痕迹物品及可供比对鉴定的检材。

5. 沟通情况，防止痕迹物品遗漏。

二、参考范例

范例 1

2011 年 6 月 3 日 7 时 40 分，银川市西夏区金地咖啡厅店长高某向某派出所报案称，其上班时发现，锁在店门上的 U 形插锁不见了，她立刻进店检查，发现丢失营业款 1500 余元、“登喜路”高档男式单肩背包 1 只、三星手机 1 部及软中华香烟 2 条。

经技术人员勘查，该店双开玻璃门呈半开状，门上未见锁具；室内吧台前并排摆放两只蓝色高脚凳，在靠西侧高脚凳的凳面上发现提取宽 10.5cm 的左脚前掌印；吧台内储钱柜及抽屉均呈关闭状，内部有翻动迹象，其他未见异常。

勘查人员先巡视整体现场，将金地咖啡厅门前 50m 范围划定为保护范围，然后按照“先静后动，先下后上，先重点后一般，先固定后提取”的原则，根据现场实际情况确定勘验、检查流程；人员分为指挥员 1 人，拍照(摄像)1 人，勘查员 1 人，记录人(笔录草记、绘图)1 人，现场访问 2 人。详细勘验、检查现场，对现场地面及凳面上发现的足迹先拍照，后用静电吸附仪进行提取；对储钱柜及抽屉面上发现的指纹先拍照，然后选用粉末法或“502”熏显法显现；对现场外围发现被剪断的 U 形插锁实物提取，检验其剪断工具；对嫌疑人所有可能接触的部位均进行“干湿法”棉签擦拭，提取 DNA 生物检材。

范例 2

某地发生一起盗窃案件，当地铁路公安机关迅速成立专案组。现场勘查组成员首先听取了车站派出所所长李某的案情介绍：2012 年 5 月 11 日 0 时 30 分许，某警务区民警邱某接彬江车站站长周某报称，彬江站上行第三接近出现红光区，工务、电务部门已经赶到事发区段进行检查。接报后，分宜所立即组织民警赶赴现场开展工作。经调查，某上行线 K946 + 180m 至 K946 + 970m 区段内的 12 根补偿电容(C9 – C20)被硬物刮坏导致出现红光区，其中在 K946 + 410m、K946 + 270m 处两根连接线已更换。在沪昆上行线 K946 + 163m 处的股道内发现一个变形的疑似简易脱轨器(为不影响行车安全，已从道心移至路基下)，在沪昆上行线 K946 + 160m 处的运行方向左侧路基下发现一根金属杆，在 K946 + 170m 处的运行方向左侧路基下发现一根金属螺栓，其他未见异常。经电务部门更换损毁的补偿电容后，信号于 1 时 30 分恢复正常，线路开通。分宜所已安排警力对现场进行保护。

现场勘查时邀请了刘某(男，42 岁，家住江西宜春市彬江镇三姑桥居委会)、钟某(男，40 岁，家住江西宜春市彬江镇彬霞村)作为现场勘查见证人。

经勘查,现场位于某上行线A站至B站区间,线路为东西走向,东为B站方向,东面距中心现场最近的桥涵通道为K945+850m铁路桥;西为A站方向,西面距中心现场最近的桥涵通道为K947+300m涵洞,线路南侧为社树村铜鼓庙组,北侧为彬霞村桥头组。在上行线K946+948m处有一座标号为"桥-890A"的铁路桥,桥长32m,高4.1m。

10桥下有一条从彬江镇通往铜鼓庙组的水泥马路(022乡道),马路西侧为一条与路平行的小溪,在铁路桥以南15m、以北8m处各有一座横跨小溪的简易水泥板桥。该桥两端桥头的线路两侧均为石砌护坡,沿护坡设有石阶通往桥下;桥东南侧护栏完好,护坡石阶被灌木遮掩,无明显踩踏痕迹;桥东北侧石阶、护坡被"赵的芽"竹木市场的铁栅栏围入,铁栅栏距地面高248cm,经观察无明显蹭踏痕迹;西北侧石阶护坡顶端有一砖砌石台,石台高67cm,石台与石阶间悬架有一金属管,距地面35cm,此处桥体护栏外侧悬架有三根金属管线直径均为7cm,分别距桥面20cm、28cm、66cm,桥头护栏网紧靠金属管线固定;桥西南侧护栏网顶端距地面216cm,底部与护坡地面形成一个长60cm、高45cm的空隙,此处护栏底部框架边沿较光滑。

经对线路进行勘查,在上行线K946+970m处的左股钢轨轨头外侧有一道27cm×0.5cm的线条状擦痕,在该处钢轨轨头内侧有一块9cm×1cm大小的白色物质黏附(拍照固定后实物提取),在该处钢轨轨腰内侧距轨头顶面14cm处有一道15cm×0.5cm的线条状擦痕(拍照提取)。从K946+970m处开始,左股钢轨轨头外侧和轨腰内侧有断续的线条状擦痕,一直延续至K946+180m处。从K946+920m开始至K946+200m间,可见此区段12根轨道补偿电容上行一侧的接头已连接,接头处簇新,其中在K946+410m、K946+270m处2根连接线及端子处完整无破损。在K946+180m处上行线北侧有一铁路信号机,此处线路有一钢轨接头,该接头内侧连接夹板西端及第一位固定螺杆、螺帽上,可见明显新鲜撞击痕迹2cm×1.5cm(拍照提取),距接头外侧夹板西端8cm的轨头侧面上,有一条长35cm的擦划痕迹一直向东延伸到夹板上方(拍照提取),从该连接夹板开始向东的股道间第16根至第26根轨枕上,不规则分布着多处新鲜撞击痕,其中第16根水泥枕上发现一块大小为7cm×2.5cm的新鲜撞击痕(拍照提取),在第17根水泥枕上发现大小为7cm×4cm、1.5cm×1cm的新鲜撞击痕各一块(拍照提取),在第20根水泥枕木上发现大小为3cm×1.5cm、8cm×6.5cm的新鲜撞击痕各一块(拍照提取),在第21根水泥枕木上发现一块大小为1.5cm×1.5cm的新鲜撞击痕(拍照提取),在第26根水泥枕上发现大小为1cm×1.5cm、3cm×3cm的新鲜撞击痕各一块(拍照提取)。上行线K946+180m处钢轨夹板以东第7根轨枕所对应的下行线北侧钢轨下,有一直径为2.5cm、长7cm的金属杆,该金属杆一端呈现不规则断面,另一端的圆柱底面上有一摩擦痕,痕迹大小为0.4cm×0.2cm(拍照固定后实物提取)。

在上行线 K946 + 163m 处的北侧路基下，可见一个因撞击而扭曲变形的疑似简易脱轨器，由底座和两块垂直于底座的铁板焊接而成，表面涂有白色油漆，部分已脱落。底座长 28cm、宽 14cm，在底座表面有黑色的数字“50”字样。两块垂直焊接于底座的铁板，一块为长 36.5cm、厚 1.6cm、高 6.5cm，此铁板顶部有 3 个圆柱形断截面，其中一个直径大小为 1.6cm（编为 1 号截面断头），此断截面为斜平面，呈粗糙线条状，断截面外边缘有两处碰撞痕迹，其中一处 1cm × 1cm，另一处 1cm × 0.4cm；另外 2 个直径大小均为 1cm（编为 2、3 号截面断头），断截面均为斜平面，呈粗糙线条状；在此铁板内侧面有一处擦蹭痕迹，面积大小为 7cm × 5cm。另一块为长 16.5cm、厚 2.2cm、高 4.7cm。两铁板最小间隔为 5cm，最大间隔为 8cm。在短铁板内侧面有一长 3.7cm × 宽 0.2cm 的线条状擦蹭痕迹，另在短铁板表面可见大小为 10cm × 1.2cm 的、因高温灼烧呈现蓝色金属反应的区域；在底座反面，亦可见呈现同样现象的区域，大小为 18cm × 3.5cm。底座反面紧固螺栓垫板，已严重扭曲变形，边缘处有一长 7.8cm、最宽处 1cm、最窄处 0.7cm 的碰擦痕迹（拍照固定后实物提取此疑似简易脱轨器）。在上行线 K946 + 160m 处运行方向北侧路基下，有一直径为 2.5cm、长 8cm 的金属杆，表层涂有白色油漆，部分已脱落（拍照固定后实物提取）。在上行线 K946 + 170m 处运行方向北侧路基下，有一直径 3cm、长 10cm 的螺杆，外有金属套筒包裹，套筒表层涂有白色油漆，套筒的螺杆丝口及方形杆头外露长度为 3cm（拍照固定后实物提取）。

三、实训目的

通过该实训项目，要求学生根据现场具体环境、条件、案情、侦查力量现状等，在全面、准确判断的基础上，首先形成一个较为合理的实地勘验工作方案，并在此基础上进行合理分工，开展下一步实地勘验工作。通过训练，既锻炼学生的组织、协调和开展合作的能力，又使学生熟悉实地勘验工作方案的制定过程、应当考虑的各种因素等，掌握实地勘验的步骤、勘验顺序和原则等具体内容。

四、实训内容

（一）制作实地勘验工作方案训练

1. 训练的目的

该项目的训练，要求学生根据现场具体环境、条件、案情、侦查力量现状等，在全面、准确判断的基础上，从理论上形成一个较为合理的工作方案，并据此进行合理分工，开展下一步实地勘验。通过训练，一方面是锻炼学生的组织、协调和开展合作的能力，另一方面使学生熟悉实地勘验工作方案的制定过程、应当考虑的各种因素等,掌握制作的要领和核心内容,从而为今后实践中的操作打下良好基础。

2. 项目的设计

(1)设计元素

该项目的设计元素有:模拟现场;案情;指挥员;工作方案。

(2)设计思路

实地勘验工作涉及头绪多、参加人员多,既要保障各项工作全面、细致、到位,不留死角,又要保证各环节、各步骤、各人担负的工作能够有序、协调进行,因此必要的组织指挥是不可或缺的。在每一组到达现场,听取实验老师介绍案情后,指挥员即组织组员通过巡视、观察、分析讨论,初步形成工作方案,并予以上报,经批准后方可实施下一步的勘验工作。这有利于锻炼学生的语言表达、文书制作和开展合作的能力,其制作的实地勘验工作方案也是考核的重要依据。

(二)开辟现场通道技能训练

1. 训练的目的

开辟现场通道是进入现场内部进行整体观察→划分局部→详细勘验的前提,是具有引导性的勘验行为,也是整体巡视步骤的重要内容。可以说,走好这个"第一步"实地勘验的顺利与否非常关键,它是现场勘查人员必须掌握的勘查基本功之一。

开辟现场通道的方法与对地面痕迹物品进行保护的方法十分接近,其道理是相通的,那就是两者目的的一致性:使执行保护任务或勘验任务的警察能够接近现场重点部位进行有效处置,同时保护地面痕迹物品的状态,使之免受变动和破坏。只不过,实地勘验时开辟现场通道比现场保护时还有进一步的作用,即拓展勘验空间,便于勘验人员分头同步开展工作,提高勘验效率。

目前,开辟现场通道的最便捷工具是快速通道踏板。其铺设方法是本项目的训练重点,应使学生熟练掌握。

2. 项目设计

(1)项目设计元素

包括:实地勘验;现场通道;快速通道踏板。

(2)设计思路

快速通道踏板是在现场保护和现场勘查中,用于开辟进入现场内部的快速通道而设计制作的一种便携式专用工具,普遍适用于空间范围不大、地面平整坚固的室内外现场。

正确使用踏板的方法:避开地面的痕迹物品;相邻两块踏板间保持适当距离,不能过远也不宜过近;铺设位置与踏板分布应便于勘验人员观察、拍照、提取和测量;已动态勘验过的现场局部,应及时撤掉踏板,将其铺设到未勘验的部位,避免不必要的闲置浪费;当要从现场的一个部位将踏板移动至另一部位时,应检查一下踏板底部和表面是否洁净,如有污染应擦拭后再重新使用。

快速通道踏板因其具有简单、轻便、耐用、易铺设、可清洗的特点,可以基本满足保护与应急的双向需求。其主要作用是:有利于保护通道地面上的痕迹物品,并减少划通道的时间,便于保护人员、勘查人员及时地进入现场内部,到达重点部位察看并处置紧急情况。

在现场保护中使用快速通道踏板,主要是为了便于警察及时进入现场内部,而又不至于变动和破坏现场地面上的痕迹物品,以达到保持现场原貌、保障后续勘查活动顺利进行的目的。在实地勘验过程中,使用快速通道踏板比现场保护时具有更多的功用,有助于现场指挥员对现场内部的巡视;有助于勘查人员迅速拓展工作空间,并根据勘验需要分工合作,机动灵活地调配警力;有助于保护通道地面上的痕迹物品免受变动和破坏,且在保护现场的同时,使勘查人员能尽快接近现场中心或重点部位,更便于固定提取痕迹物品。

(三)实地勘验步骤和顺序的整合操作训练

1. 训练的目的

通过模拟操作演练,使学生对勘验步骤与顺序的内容融会贯通,将抽象的规程演化为有序、规范、灵活的行为流程,克服对现场场景的生疏感和恐惧感,明确勘验时先做什么、后做什么、同时做什么、怎么做、谁来做等问题,基本解决“课听懂、书看懂、一到现场就懵懂”的老问题。

2. 项目的设计

(1)设计元素

项目设计元素有:勘验步骤;勘验顺序;分工合作。

(2)设计思路

训练过程中要注重步骤与顺序的衔接,并通过操作中各分工人员的协调配合体现出来。例如,通道划出后,先进入现场哪个局部、先处理什么部位的痕迹物品,反映了学生能否分清主要和次要、能否做到先重点后一般。又如,在对痕迹物品进行移位、提取等动态勘验前是否仔细观察、拍照固定、测量定位,反映了学生能否按照先静态后动态、先固定后提取的顺序操作。再如,处理各层面痕迹物品时,能否做到先低处后高处;勘验稳定和易逝易变的痕迹物品时,能否做到先易消失后稳定;检查箱柜、抽屉等有内部空间物体时,能否做到先检查外部后查看内部;等等。这些情况都能反映出学生对勘验步骤与顺序的内容是否真正掌握、能否灵活运用、有无协作意识等问题。可见,本项目是复合型训练项目,培养目标是增强学生的综合能力。

五、实训组织

以1个中队为一个教学训练单元,每个中队分为5个训练小组,每个小组9~10人。采用分组轮训、分组考核方式进行训练。

教师根据设计的案情布置模拟犯罪现场。模拟案情最好结合模拟犯罪现场实验室的结构、布局、家具等硬件条件设计,使案情内容尽可能地接近场景布置,案发时间也应随教学进度设计为模拟演练的当天,以增强仿真效果,给学生以身临其境的感受。

需准备以下实训器材:实验实训场地;现场勘查箱;照明设备;摄影摄像设备;相应法律文书;“三套一罩”;标示牌;现场勘查证等。

六、实训案例

【案例1】

2007年11月16日上午8时,华安市保利商务公司会计上班时,用钥匙开门进入办公室,发现财务部(位于二楼)的一扇窗户开着,玻璃被打碎,室内铁皮柜门被撬坏,现金15万余元人民币被盗走,办公桌抽屉完好无损,桌上的两个台式计算机没丢,随即退出现场,用手机拨打“110”报警。

训练要求与提示:先整体巡视现场,确定起点和总体顺序,后固定现场方位、全貌,画出进出现场通道,注意地面足迹,然后寻找发现痕迹物品。

【案例2】

2010年5月28日中午14时许,某市公安局长清区分局刑警大队接到报案称:在万德镇凤凰岭景区内护林员值班室内一人死亡,室内有多处血迹,怀疑被人杀害。经现场勘查发现,现场位于某市长清区万德镇凤凰岭景区护林员值班室,该房屋位于景区中部一条东西走向的上山土路北侧,该房屋北侧、东侧、西侧均为林地。该房屋坐北朝南,为3间砖砌瓦房,房前有一3m×5m的空地,在空地南侧,破旧的桌椅、木桩杂乱放置,在空地中心位置,有焚烧痕迹,并有衣物、被褥燃烧残留物。死者宋某位于西侧房间内,该房间门窗完好,死者上半身在木质床板上方呈俯卧状,面部朝下,两只胳膊弯曲置于身体两侧。下半身呈跪姿,双膝跪于地面。死者上身穿一黑色羽绒外套，下身穿一黑色长裤，双脚上穿有白色棉袜，外套与长裤上均有血迹，死者周围床板表面有大量血迹，距离死者头部30公分的西墙墙面有多处血迹，距离死者120公分处南侧地面上放置有一卷起的竹席，竹席表面有大量血迹。竹席南侧65公分处地面放置有一捆电线，电线上方放置有一把木柄手锯，柄长16公分，锯身长42公分，手锯表面沾有大量血迹，并在锯柄、锯身处各提取一枚指纹（后经鉴定为死者指纹）。手锯南侧20公分处有一蓝色塑料外壳暖水瓶平躺在地面，瓶口处外壳破裂，内置瓶胆破碎，散落在周围。暖水瓶表面有大量血迹，暖水瓶南侧为木质屋门，木门呈敞开状，门角嵌入暖水瓶瓶身的破裂处。

训练要求与提示：明确现场勘查的顺序和重点，确定勘查拟解决的问题，注意工具上遗留指纹与死者的关系，注意现场各类物证的指向性。

第四章　铁路犯罪现场勘验检查记录实训

【教学重点与难点】

教学重点：铁路犯罪现场勘验检查记录的制作。

教学难点：铁路犯罪现场勘验检查笔录的制作；铁路犯罪现场图的绘制方法。

一、实训原理

铁路犯罪现场勘验检查记录，是在现场勘验检查过程中，现场勘查人员运用文字、绘图、视听资料等形式，对勘验检查情况进行固定的一种法定证据。犯罪现场勘验检查记录，是对犯罪现场情况和公安机关现场勘验检查情况所做的整体记录，是我国《刑事诉讼法》第 48 条明确规定的 8 种证据之一。犯罪现场勘验检查记录主要由现场勘验笔录、现场图、现场照片、现场录像 4 种形式构成。

（一）现场勘验检查笔录

现场勘验检查笔录（以下简称现场笔录），是勘查人员运用语言文字方法，在现场勘验检查阶段即时填写并经审定后制作的、如实记载现场客观情况和勘验检查活动情况的一种法律文书。

1. 现场勘验检查笔录主要由前言、正文和结尾三部分组成。笔录格式见附件。

2. 现场勘验检查笔录的制作要求

（1）勘验检查笔录必须由本案现场勘验检查人员制作；

（2）必须打印或蓝、黑色墨水书写；

（3）勘验检查笔录的内容必须客观、全面；

(4)勘验检查笔录使用语言文字必须规范准确,计量单位必须使用国家标准,日期使用公历;

(5)可另加续页,并按顺序编排页码;

(6)改动笔录内容,应在修改处的两端加盖记录人的个人名章并注明日期;

(7)固定格式中内容无法填写的,可在空格内划大于1厘米且倾斜角度为45°左右的斜线;

(8)笔录制成后,应当在"发文机关代字、年号和序号"处和制作日期上加盖主勘单位公章,并在笔录页码右侧加盖骑缝章;

(9)对现场进行多次勘查的,在制作首次勘验检查笔录后,逐次制作补充勘验、检查笔录。对同一案件的多处现场的勘验检查应分别制作勘验、检查笔录;

(10)笔录记述的内容、顺序与现场图、现场照相、现场录像应当相互吻合。

3. 现场勘验检查笔录内容的记载规则与描述方法

(1)记载规则

记载内容规则:详细记载勘查所见的主要情况,不要描述那些与案件明显无关的物件。对现场中心部位、重点痕迹、物品及尸体、进出口的情况等,要重点记载。

记载用词规则:保持笔录客观性,不准将任何判断、推测、分析的内容记入;词语要确切,通俗易懂,不能用含糊不清和模棱两可的词句。

记载范围规则:笔录与现场图、现场照片等反映的内容、顺序应当吻合。尸体检验、现场实验、物证检验、人身检查等情况,应单独制作笔录。上述检验工作如与现场勘查同时进行时,也可将其简要情况记入笔录中。

(2)描述方法

描述地理位置、环境、结构:

①现场所处的具体位置是什么,方位如何。②现场所在建筑物在整个环境中的位置是什么。前后左右的建筑物或是物品的分布情况。③周围有无明显的固定标志。标志是什么。④现场周围有无商店、公园等公共场所。名称是什么。⑤现场所在的建筑物名称是什么。用途结构如何。⑥现场中心所在房间的名称、用途是什么。⑦现场中心所在房间的相邻关系如何。用途是什么。

描述现场痕迹物品:

①描述在现场上发现的手印;②描述在现场上发现的足迹;③描述在现场上发现的凶器;④描述在现场上的运输工具痕迹;⑤描述在现场上发现的弹丸、弹壳;⑥描在述现场上的尸体。要求:描述痕迹物品的名称、特征应规范;描述痕迹物品的显现、检验、提取方法应准确;不规则痕迹、物体应当描述其范围。

掌握刑事技术基础知识，熟悉技术词汇，方能准确描述这部分内容。

位置、距离、方向的描述：

①位置的描述。采用相对位置表示法，找出参照物，使用基线/坐标系测量法或三角测量法进行描述。②距离的描述。距离的测量，必须要借助一定的参照物再测量，不可随意使用直线距离；计量单位，须前后一致，并采用公制单位。③方向的描述。使用地图方向标准，借助指北针，用东、南、西、北表示。

描述应注意的问题：

①按照一定的顺序描述。描述空间环境、物体分布，可按照顺时针、逆时针方向进行；描述痕迹物品，可按照先重点后一般、先低处后高处等勘验顺序进行，或按照作案人的活动路线等顺序进行。描述的顺序与照片、录像反映的内容要一致。②内容完整，既要记录现场情况，也要记录勘验过程。③用语客观、标准、精确，定向、定位准确。④精确描述与辅助说明相结合。⑤说明与叙事相结合。

（二）现场绘图

现场绘图是指勘查人员运用制图学的原理和方法，借助几何图形和文字说明，对犯罪现场物质状态进行形象化描绘的一种书面记录。

1. 现场图的特点

（1）一定的直观性。现场图可以准确、直接地反映现场方位与环境的关系、现场中痕迹物品之间的位置关系、现场及其痕迹物品的空间距离，具有简单明了、重点突出、一目了然的特点。

（2）较强的表现力。表现特殊角度或层次的视觉效果，如俯视图、透视图、剖面图、展开图；表现不同范围的现场状态，如方位图、全貌图、局部图、细目图；复原现场原貌，如复原图。

2. 现场图的种类

（1）根据现场图所反映的内容和范围分为：现场方位图、现场全貌图、现场局部图、现场引申图和现场综合图。

现场方位图：用来反映现场地理位置、周围环境及道路情况的图形。是了解案发地点基本情况、指挥现场勘查、采取紧急措施、划定查访范围和分析判断案情的有力工具，是记录中必备的图形。

现场全貌图：是用以反映犯罪现场范围内全面情况的图形。即用以表现现场中心与现场外围或现场各局部之间的相互关系，以及在此范围内与犯罪活动有关的主要物体、痕迹之间相互关系和分布状态的图形。绘制现场全貌图首先应划定现场的总体范围和局部范围，并以此为界限，将该范围内与犯罪活动有关的主要痕迹物品(体)的分布状态表现出来。多用平面示意图或比例示意图结合来反映。现场全貌图的名称在实践中出现频率不高,是在划定现场整体和局部、中心和外围时,与相对的界限有关。

现场局部图:是用以反映现场中心或重点部位以及其中犯罪痕迹物品分布状态、位置关系、相互距离的图形。现场局部图也是记录中必不可少的图形,一般用现场平面比例图、现场平面展开图、现场立体图和现场剖面图等来反映,绘制要求高,数据要通过尺测获得。现场局部图反映的内容要与笔录正文内容相吻合,它是表示有关现场物证的证明力的原始材料。

现场引申图:又称"细目图""特写图",用以突出反映现场上重要痕迹、物品(体)的形状、特征、大小、位置等内容,或重点部位的位置、环境的图形。引申图一般不单独绘制,而是用于局部图、方位图等图形中,多见于放大的引申图,通常按比例绘制。

现场综合图:运用平面图和立体图的绘制原理全面反映某些重大、复杂的现场情况(包括方位、局部、细目特写等内容)的图形。

(2)根据现场图的绘图原理分为:平面图、立体图、透视图。

平面图:采用的是正投影原理绘制的图形,是现场图中使用频率最高的图形。平面图常见的图形:①平面图(俯视正投影);②平面展开图;③立面图(水平正投影):正面立面图、侧面立面图;④剖面图(截面图):平剖面图(水平剖切)、立剖面图(竖直剖切)。

正投影:又称平行垂直投影,即用一组平行光线投射(可用平行的视线来替代)几何形体(物体),在垂直于光线(视线)的投影面(画面)上所得的图形。根据投射方向不同,又分为俯视垂直投影和水平垂直投影,可以得到三个正投影图,即V面、H面、W面投影图:主视图(正立面图)、俯视图(平面图)、左视图(侧立面图)。三投影图的关系是"长对正,高平齐,宽相等"。正投影图的优点是能反映物体的实际形状和大小,度量性好,制图简便;缺点是直观性差,不易看懂。

立体图:采用轴测投影法(平行斜角投影)将物体投射在单一投影面上所得到的图形。

轴测投影图:简称轴测图,是物体在一个投影面上的平行斜角投影。轴测图立体感强,容易看懂,但度量性差,作图较麻烦,并且对复杂形体也难以表达清楚,因而工程中常用作辅助图样来使用。现场图中常用于绘制室外立体图、外观立体图。

透视图:是采用中心投影法将物体投射在单一投影面上所得到的图形。透视图形象逼真,如照片一样,非常接近于人的视觉感受,但它度量性差,作图繁杂。常用于建筑设计中绘制大型工程项目、房屋、桥梁等建筑物的效果图和计算机仿真技术。现场透视图多见于爆炸、纵火案件现场记录、复杂的现场空间描绘和现场复原图的制作,以及电脑制图。常见的现场透视图有:剖视图、玻璃罩式透视图、内外结合立体透视图等。

(3)根据现场图的绘制精确度分为:比例图、示意图、比例示意结合图。

比例图是将现场实际状况和实物的空间距离按照一定比例(大多是缩小比例)绘制在图纸上的现场图。多见于反映现场中心、重点部位和重要痕迹、物品的局部图和细目图。比例图的明显标志是在绘制说明中标注比例尺,测量方法为尺测等工具测量法。

示意图是参照现场及其痕迹、物体的原有空间距离和分布状态,不按比例绘制的图形。一般采用目测或步测获得相关数据。示意图一般在图的标题上注明,或不标注比例尺。示意图多见于方位图和全貌图。

比例示意结合图是将比例图和示意图同时绘制在一张图纸上,这种图在现场图中不多见。

(4)根据现场图的主要用途分为:现场记录图和现场复原图。

现场记录图,即记录勘查时现场状态的图形,具有写实性或纪实性。

现场复原图,又称现场分析图,是根据现场现状的记载资料,将实验、判断、推论的结果用绘图的方法加以展现,再现案发前现场原貌的图形。

(5)根据现场图的绘制工具分为:手工制图和电脑制图。

手工制图是现场原始资料的必要内容,是记录文书的重要组成部分。手工制图具有即时性,与笔录同步制作。手工制图多以示意草图反映,若要绘制比例草图,要用引出线和文字重点说明数据等信息,数据要与笔录记载相一致。

电脑制图多用于勘查后期加工制作,是以手工制图为依据的。呈送法庭的现场图可以是电脑制图,但手工制作的草图必须存档备查。电脑制图具有规格统一、整齐美观精确、操作简单等特点,可使用彩色线条和图形,用彩色打印机打印。

(三)现场照相

现场照相,是侦查人员以案件现场为拍照对象,反映现场所处的地点、犯罪活动过程、现场中客体之间位置关系等状况的专门照相。

因学院针对本专业学生开设了刑事照相课程,因此现场照相的实训部分在此不再单独涉及。

二、参考范例

范例1

× ×公(×)勘〔2012〕K8018010000262012110002 号

现场勘验检查工作记录

制作单位 × ×公安处技术科

现场勘验检查笔录制作要求

一、勘验检查笔录必须由本案现场勘验检查人员制作。

二、填写文字必须打印或者用蓝、黑色墨水书写。

三、勘验检查笔录内容必须客观、全面;"勘验检查情况"栏记录内容包括现场方位和环境情况;现场变动状况;痕迹和物品的名称、部位、数量、性状、分布等;尸体的位置、衣着、姿势、血迹分布、形状和数量等。

四、勘验检查笔录使用语言文字必须规范准确,计量单位必须符合国家有关标准,日期使用公历。

五、勘验检查笔录可根据需要另加续页,并按顺序编排页码。

六、勘验检查笔录固定格式中内容无法填写的,可在空格内画一条1厘米以上倾斜角度为45°左右的斜线。

七、勘验检查笔录制成后应当在制作日期上加盖主勘单位公章。

现场勘验检查笔录

××公(×)勘〔2012〕K8018010000262012110002号

2012年11月23日7时35分,××铁路公安处指挥中心接到××铁路宾馆服务员张某的电话报告:当日7时30分打扫房间时,发现住在E3楼3108房间的旅客可能被杀害,请求出警。接报后,××铁路公安处副处长××立即带领刑侦、技术等相关人员赶赴现场。于当日7时55分到达现场。

现场勘验检查于2012年11月23日8时开始至2012年11月23日12时结束。

现场地点:××铁路宾馆E3108房间。

当日天气情况:室外温度6°C,室内温度19°C;相对湿度31%;晴,无风。

勘查人员到达现场后首先听取了报案人张某(男,25岁,家住太原市建设路小区3号楼3单元302室)的情况介绍:“今天早上7时30分许,我去打扫房间时,发现住在E3号楼3108房间的旅客可能被杀害在房间内,便立即报警。”

现场已经由先期到达的××派出所民警××于7时45分用警戒带进行封锁保护,现场未变动,为原始现场。

现场邀请张某立(男,40岁,太原铁路宾馆厨师)、张甲(男,42岁,太原铁路宾馆厨师)担任现场勘查见证人。

现场勘验检查过程中使用了自然光、勘查灯、紫外光源。

现场勘验检查指挥由××铁路公安处副处长××担任。

现场勘查按照先中心后外围、先地面后空间、先静态后动态的勘查顺序进行。

勘验检查情况:现场位于××市尖草坪区西墕村的太原铁路宾馆内。该宾馆为一矩形封闭院落,院大门朝南,门前为东西走向的太忻公路,公路南侧为西墕村。太忻公路向西经西流路通往新兰路,向东通往太原市阳曲镇。院四周均为西墕村农田。

××铁路宾馆院内共分A、B、C、D、E、F 6个楼区,南侧由西向东为B区、A区、C区,A区中部为1条南北走向的通道,该通道向北通向E区,E区西侧为D区,东侧为F区,北侧为院内车道。E区为1栋三层连体式楼房建筑,呈“├┤”形,东侧由南向北依次为E1号、E2号、E3号,E3号西侧依次为E4号、E7号,E7号南侧依次为E6号、E5号,除E4(内廊式)外,均为单面走廊式结构,E1至E7号均有楼道相通。其中,E5、E6、E7间有两处空地,E1、E2、E3间有两处空地。在E3与E2间连接的楼道东侧,E3111、E3112房间中部有一通道(东侧安装有铁门)可通向F区服务台。

E4 前方 E 区中部立有一石质毛主席塑像。

中心现场位于××铁路宾馆 E 区 E3 号一层 3108 房间。E3 楼坐南朝北，楼内房间门向北开。一层楼道南侧共有 7 个房间，由东向西依次为 3109、3108、3106、3105、3103、3102、3101 房间，楼道东头有 1 个楼梯通往二楼。3108 房间为单人标准间（长方形），房门（木质，左内开）在北，阳台（开放式）在南，西北角为独立卫生间，室内、阳台地面铺设大小为 60cm×60cm 的浅色地板砖，卫生间地面铺设大小为 30cm×30cm 的浅色地板砖。

该房间房门（高 200cm，宽 100cm）虚掩，门锁为感应锁，距地面 90cm，性状完好，门把手为金属压把式，距地面 100cm。房门上方有一顶窗（高 36cm，宽 100cm），门中部有一贴膜玻璃窗（高 65cm，宽 36cm），玻璃窗下端距地面高度 105cm。

进入室内为一走廊（东西宽 165cm，南北长 260cm）。在走廊东墙上距门 135cm 处有 1 个双开门壁柜（高 204cm，宽 95cm），壁柜分上下两层（上层底边距地面 170cm），拉手为白色金属立杆式；在门框西侧 15cm，距地面 95cm 的墙面上，有 1 个 8.5cm×9cm 大小的白色塑料单联按钮式电源开关（走廊灯）。在走廊西墙距北墙 47cm，距地面 95cm 的墙面上，有 1 个 8.5cm×9cm 大小的四联按钮式电源开关（卫生间灯、浴室取暖灯）；在走廊西墙距北墙 75cm 处为卫生间门（木质，内开，高 200cm，宽 80cm），门上装有花玻璃，门把手为球形锁（距地面 100cm）。

现场勘查中在走廊地面上距北墙 113cm，东墙 61cm 处，发现 1 个灰尘加层鞋印，为左穿鞋所留，鞋尖朝南，可见长度 27.5cm，前掌宽 9cm，跟宽 7.5cm，鞋底花纹为横向波浪形花纹，拍照后，用静电吸附提取（标为 1 号鞋印，为报案人所留，排除）。在走廊地面上距北墙 142cm，东墙 87cm 处，发现 1 个灰尘加层鞋印，为右穿鞋所留，鞋尖朝西南，可见长度 27cm，前掌宽 9cm，跟宽 7.5cm，鞋底花纹为纵向波浪花纹与点状花纹混合型，拍照后，用静电吸附提取（标为 2 号鞋印）。在走廊地面上距北墙 133cm，东墙 22cm 处，发现 1 个灰尘加层鞋印，为左穿鞋所留，鞋尖朝南，长 27cm，前掌宽 9cm，跟宽 7.5cm，鞋底花纹为纵向波浪花纹与点状花纹混合型（与 2 号鞋印花纹类型一致），拍照后，用静电吸附提取。在走廊地面上距北墙 179cm，东墙 58cm 处，发现 1 处大小为 6cm×5.5cm 的滴落状血迹，拍照后用棉签提取。在走廊地面上距北墙 199cm，东墙 74cm 处，发现 1 处滴落状血迹，大小为 5cm×5cm，拍照后用棉签提取。在走廊地面上距北墙 224cm，东墙 70cm 处，发现连续 2 处滴落状血迹，大小分别为 1.5cm×1.5cm 和 1.5cm×1cm，拍照后分别用棉签提取。在走廊地面上距北墙 254cm，东墙 78cm 处，发现 1 处南北方向的擦蹭状血迹，大小为 37cm×12cm，拍照后用棉签提取。

通过走廊进入客房，客房南北长370cm，东西宽394cm。客房内靠东墙由北向南依次摆放有1双蓝色拖鞋（摆放整齐）、床头柜（木质，红漆面，长50cm，宽50cm，高53cm）、红漆木质电视柜（长120cm，宽55cm，高76cm）、红漆面木质写字台（长120cm，宽55cm，高77cm），在电视柜上摆放1台TCL牌液晶电视机，呈关闭状。客房南墙居中有1个推拉式玻璃阳台门，门宽173cm，高234cm，西侧门扇（高195cm，宽88cm）固定，东侧门（高195cm，宽88cm）扇向西拉开10cm，在东侧门上距地面100cm处有1个旋转锁（呈开启状态）；在南墙上装有落地式对拉布窗帘，呈拉开状；靠客房北墙东西向摆放有1张单人床（长200cm，宽120cm），床头靠西墙，床上铺有粉红色床单，粉红色被子向里半边翻开；在床上有1具女性尸体，尸体头西脚东，呈仰卧状，臀部位于床东沿，尸体头部距客房北墙83cm，床头17cm，脚底距客房北墙81cm，床头185cm；尸体口部被1条折叠成类方形的白色毛巾封堵，双手被一黑色电话线反捆；尸体上身外穿粉底碎花睡衣，衣扣解开，内穿黑色胸罩，下身赤裸，脚着红底彩色条纹袜子（尸体情况详见法医尸体检验鉴定书）。

床头以南32cm靠西墙摆放1个红漆木质床头柜（长50cm，宽50cm，高55cm），柜上摆放1部白色固定电话。在客房地面上距房间北墙295cm，东墙101cm处，发现连续4处滴落状血迹，由北向南直径依次为2.2cm、0.9cm、2.5cm、0.7cm，拍照后分别用棉签提取。在客房地面上距房间北墙312cm，距东墙158m处，有1只红色塑料拖鞋，左鞋，鞋尖朝东，在鞋上第三趾位置处有1处滴落血迹，拍照后实物提取。在床东侧地面上距房间北墙331cm，东墙165cm处，有1个残缺血足迹，左鞋前掌，鞋尖朝西，鞋底花纹为纵向波浪花纹与点状花纹混合型（与2号鞋印花纹类型一致），拍照后用棉签提取血迹，并实物提取拖鞋。在床东侧地面上距房间北墙352cm，东墙155cm处，有1只红色拖鞋，右鞋，鞋尖朝东，在鞋面上有1处血迹，大小为0.5cm×4cm，拍照后用棉签提取血迹，并实物提取拖鞋。在床与南侧床头柜间地面上距南墙215cm，西墙63cm处有1个紫色碎花内裤，上黏附有血迹，拍照后实物提取。在床与南侧床头柜间地面上距南墙220cm，西墙50cm处有1条粉底碎花睡裤，裤腿上黏附血迹，拍照后实物提取。在床与南侧床头柜间地面上距南墙208cm，西墙8cm处有1个红色翻盖手机，拍照后实物提取。在床下地面上距南墙256cm，西墙120cm处，有1把单刃水果刀，塑料刀柄，刀全长20cm，其中刀刃长10cm，宽2cm，在刀刃上黏附有血迹，拍照后用棉签提取血迹，并实物提取。在客房地面上距南墙145cm，西墙121cm处有1个撕开的避孕套包装袋（粉红色，“天使保镖”牌），经用紫外光源照射，在包装袋的正反面各提取指纹1枚，对该包装袋拍照后实物提取。在写字台下垃圾桶内发现1个使用过的避孕套，拍照后用棉签分别提

共 8 页　第 3 页

取避孕套内侧和外侧的生物检材,并实物提取避孕套。在床单上距床头165cm,床北沿105cm处有1处大小为15cm×8cm的血迹,拍照后剪取床单带血部位。在床单上距床头145cm,床北沿65cm处有1处大小为5cm×3.8cm的血迹,拍照后剪取带血部位。在床上尸体右大腿内侧有1根长4.5cm的黑色毛发,带有毛囊,拍照后实物提取。在尸体下方床单上距床头185cm,床北沿81cm处有1根长15cm的黑色毛发,无毛囊,拍照后实物提取。在尸体下方床单上距床头185cm,床北沿82cm处有1根长13cm的黑色毛发,带有毛囊,拍照后实物提取。

在房间东侧床头柜上有1个白色陶瓷烟灰缸,内有两枚"云烟"牌烟蒂,拍照后剪去烟丝实物提取。在床南侧床头柜上层抽屉内发现1个粉红色钱包,内装1张黏附有血迹的火车票(太原至郑州,2012年11月23日18:43分,13车007号下铺,太原售,票号A031969)、住宿押金收据1张(上有"赵某住宿押金300元"字样),中国建设银行取款凭证1张(上有:"中国建设银行银行卡取款业务凭条　赵某4532424×××××2104 20121222 15:30　支取金额3500元余额35000元"字样),对钱包、火车票、押金收据、取款凭证拍照后分别实物提取。

3108房间卫生间南北长243cm,东西宽182cm。洗面台在卫生间北侧(长115cm,宽60cm,高80cm),中部嵌有一椭圆形洗面池(34cm×40cm,深20cm),洗面池北侧装有一扳手双联式面盆不锈钢水龙头,面池东侧墙面上方有2个双层不锈钢毛巾架,北侧墙面上安装有一高120cm,宽110cm的化妆镜。在北墙上距东墙46cm,地面80cm处有一卫生纸盒。卫生纸盒下方有一个黑色塑料垃圾箱。在东墙下距南墙120cm处有一白色陶瓷按压冲水连体坐便器,冲水按钮在水箱顶部中央,坐便器南侧为洗浴区,上有一花洒。在黑色垃圾箱内发现1个撕开的避孕套包装袋(粉红色,"天使保镖"牌)拍照后实物提取,和避孕套(使用过)1个,拍照后用棉签分别提取避孕套内部和外部的生物检材,并实物提取避孕套。在水龙头把手上发现1枚血手印,拍照后棉签提取血迹。在洗面池内残留血水斑痕,拍照后用棉签提取。

房间阳台门呈半拉开状。阳台东西长390cm,南北宽160cm,南侧设有高110cm金属防护栏杆。在阳台东门东侧门框上距地101cm处发现1枚汗液指纹,拍照提取。在阳台地面上距西墙238cm,阳台栏杆87cm处,发现1个残缺灰尘加层鞋印,右鞋,鞋尖朝南,鞋底花纹为纵向波浪花纹与点状花纹混合型(与2号鞋印花纹类型一致),拍照后,静电吸附提取。在阳台栏杆上沿,距西墙237cm处发现1处攀爬痕迹,拍照后提取生物检材。在防护栏杆上距地面42cm,西墙236cm处,栏杆内侧发现1处踩踏痕迹,拍照后提取微量物证。

共 8 页　第 4 页

外围勘查中,在3108房间阳台外地面上,距阳台护栏95cm,阳台西墙垂直距离134cm处的土地上,发现1个立体鞋印,右鞋,鞋尖朝南,长27cm,前掌宽9cm,跟宽7.5cm,鞋底花纹为纵向波浪花纹与点状花纹混合型(与2号鞋印花纹类型一致),拍照后石膏制模提取。

现场未见其他异常。

图一

“2012·11·23”太原铁路宾馆 赵某被杀案现场方位综合示意图

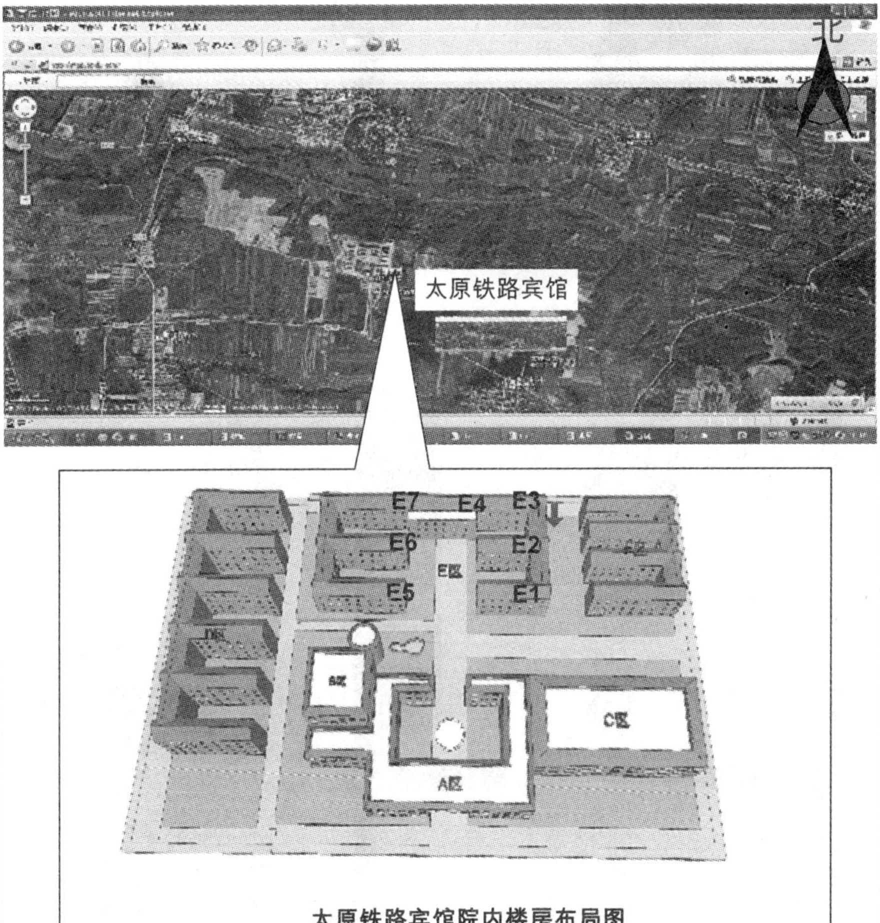

太原铁路宾馆院内楼房布局图

图　例	
➡	中心现场位置

案发时间：2012年11月23日
案发地点：太原铁路宾馆E3108房间
制图单位：▯铁路公安处技术科
制图人：
制图时间：2012年11月23日

共 8 页　第 6 页

图二

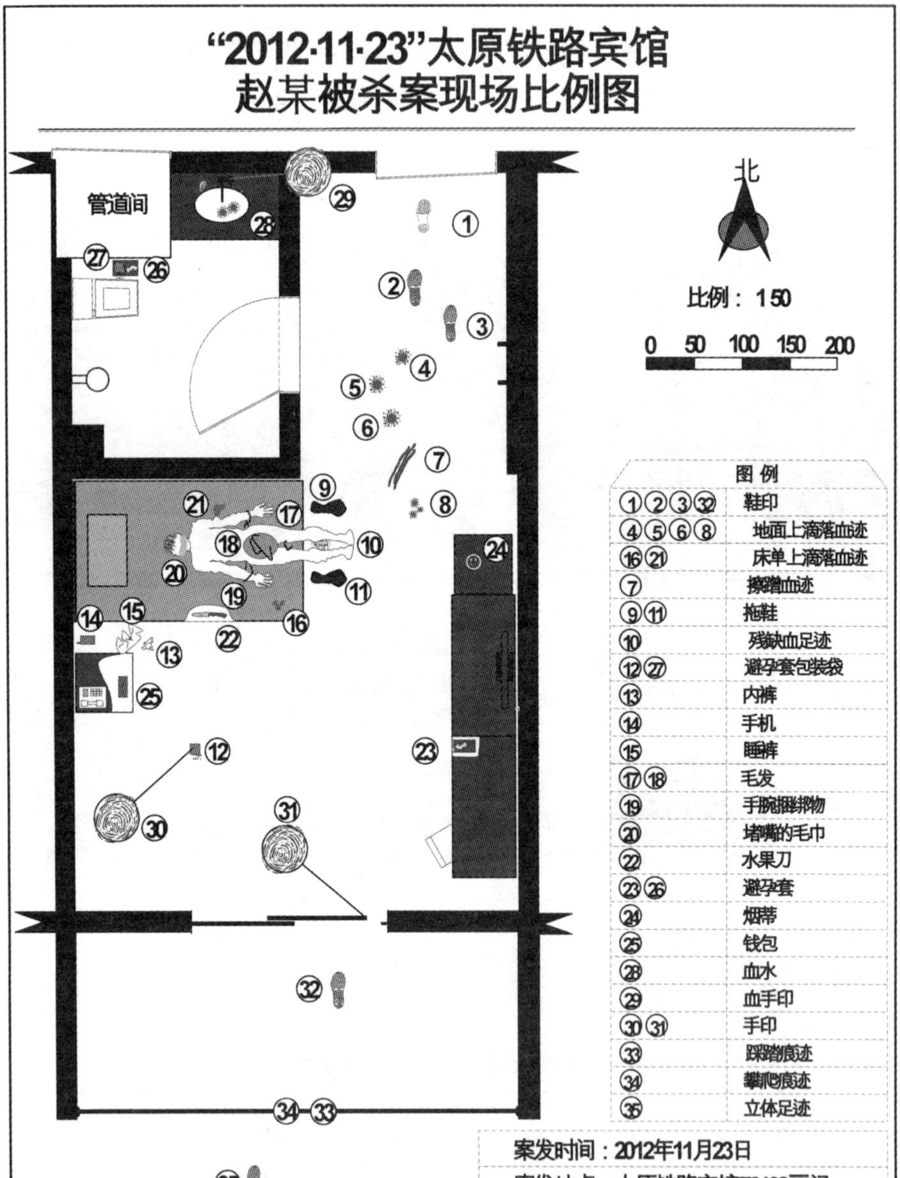
“2012·11·23”太原铁路宾馆
赵某被杀案现场比例图
北
比例：1:50
0 50 100 150 200
管道间
图例
①②③㉜ 鞋印
④⑤⑥⑧ 地面上滴落血迹
⑯㉑ 床单上滴落血迹
⑦ 擦蹭血迹
⑨⑪ 拖鞋
⑩ 残缺血足迹
⑫㉗ 避孕套包装袋
⑬ 内裤
⑭ 手机
⑮ 睡裤
⑰⑱ 毛发
⑲ 手腕捆绑物
⑳ 堵嘴的毛巾
㉒ 水果刀
㉓㉖ 避孕套
㉔ 烟蒂
㉕ 钱包
㉘ 血水
㉙ 血手印
㉚㉛ 手印
㉝ 踩踏痕迹
㉞ 攀爬痕迹
㉟ 立体足迹
案发时间：2012年11月23日
案发地点：太原铁路宾馆E3108房间
制图单位：▯铁路公安处技术科
制图人：
制图时间：2012年11月23日

图三

“2012·11·23”太原铁路宾馆赵某被杀案现场立体图

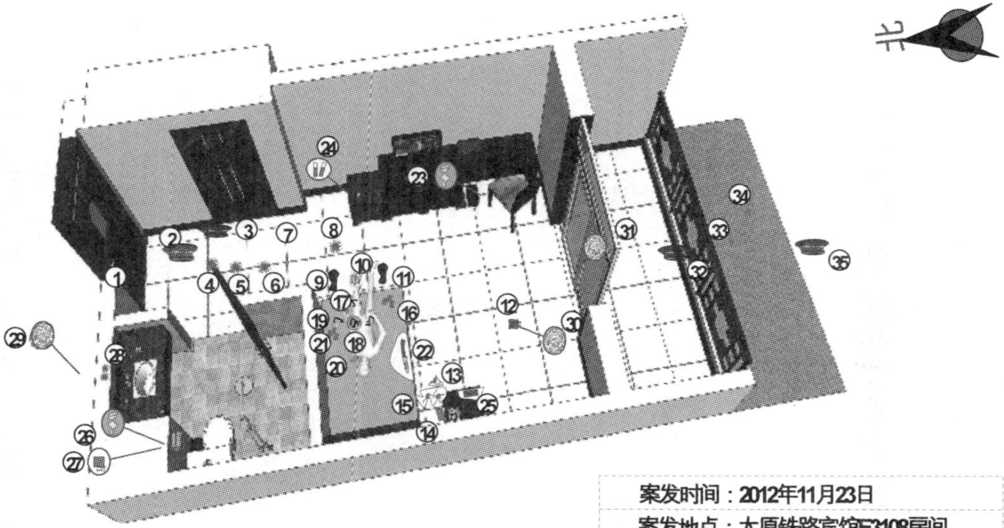

图例	
①②③㉜	鞋印
④⑤⑥⑧	地面上滴落血迹
⑯㉑	床单上滴落血迹
⑦	地面上擦蹭血迹
⑨⑪	拖鞋
⑩	残缺血足迹
⑫㉗	避孕套包装袋
⑬	内裤
⑭	手机
⑮	睡裤
⑰⑱	毛发
⑲	手腕捆绑物
⑳	堵嘴的毛巾
㉒	水果刀
㉓㉖	避孕套
㉔	烟蒂2枚
㉕	钱包
㉘	血水
㉙	血手印
㉚㉛	手印
㉝	踩踏痕迹
㉞	攀爬痕迹
㉟	立体足迹

案发时间：	2012年11月23日
案发地点：	太原铁路宾馆E3108房间
制图单位：	[]铁路公安处技术科
制图人：	
制图时间：	2012年11月23日

范例 2

×铁公（西）勘〔2014〕K8010038000002014040001 号

现场勘验检查工作记录

制作单位 ××铁路公安处刑事技术支队

现场勘验检查笔录

×铁公(西)勘〔2014〕K8010038000002014040001 号

2014 年 4 月 2 日 12 时 56 分××铁路公安处××车站派出所匡某接到××铁路公安处副处长的电话指派:××工务段职工钟某文的电话报称:4 月 2 日 12 时 50 分在××线桐子林至枣子林间 K723 +970m 处的钢轨上发现一金属构件安放在上行右侧钢轨上,被 4534 次列车碾轧,导致 4534 次列车停车。接报后,××铁路公安处刑事技术支队支队长××带领××铁路公安处刑事技术支队科员谢某会,××铁路公安处××站派出所高某东,××铁路公安处××南站派出所周某晓,××铁路公安处××站派出所匡某,××铁路公安处密地站派出所××等人员赶赴现场,于 2014 年 4 月 2 日 13 时 39 分到达现场。现场已由××(××铁路公安处××车站派出所所长)于 2014 年 4 月 2 日 13 时 30 分以专人保护的形式加以保护。

现场勘验检查于 2014 年 4 月 2 日 13 时 39 分开始,至 2014 年 4 月 2 日 19 时 40 分结束。

现场地点:××线枣子林至桐子林区间 K723 +970m 处。

天气情况:温度 32.0℃;相对湿度:50.0%;风向:南风;晴。

勘验检查前现场的条件:原始现场。

现场勘验检查利用的光线:自然光。

现场勘验检查指挥由××铁路公安处刑事技术支队支队长金某康担任。

案件发现过程:4 月 2 日 12 时 25 分 K118 次列车通过××线桐子林至枣子林间 K723 +970m 处的钢轨,李某(男、38 岁、××工务段职工)感觉车辆颠簸严重,随后向工务部门反映,之后××工务段职工马某、王某等人赶赴 K723 +970m 处,发现该处上行右侧钢轨上安放有一金属构件,后被经过的 4534 次列车碾压,导致 4534 次列车停车。

勘验检查情况:现场位于××线枣子林至桐子林间 K723 +970m 处,线路呈南北走向,其东面临山,向北 100m 处为革命村一号隧道,向南 260m 为革命村二号隧道,西面依次为边坡、214 省道和安宁河。革命村一号隧道昆端上行左侧(K723 +910m)有一通往 214 省道的便道,K724 +205m 处上行左侧有一通往 214 省道的便道,革命村一号隧道和二号隧道间为曲线半径 600m 的弯道。

中心现场位于枣子林至桐子林间 K723 +970m 处,4534 次列车停留在现场，在 K723 +970m 上行右侧钢轨上安放有一金属构件（物证编号 1、照相固定后实物提取），构件顶部由钢板焊接而成，长 27.5cm，最宽处 21cm，最窄处 11.2cm，厚 1.0cm，呈直角梯形，靠钢轨内侧面顶部可见轮缘碾轧痕，其中靠昆端一侧钢板被碾轧变薄，最薄处为 0.1cm，中部可见一 1.9cm 的纵向裂口；金属构件两侧用长 25cm、高 15cm、厚 0.7cm 的两块钢板与构件顶部焊接形成间距 8.5cm 的倒 U 形，构件由 11 块钢板焊接而成，构件顶部、侧面、底部多处黏附白色物质，多处可见打磨痕迹。

金属构件靠钢轨内侧距顶端 5cm、距昆端边缘 3.5cm 的钢板上有一直径 2.0cm 的螺孔，螺孔内有一直径 2cm，长 5cm 的螺栓（物证编号 2、照相固定后实物提取），剩余 2.5cm 未进入螺孔，螺栓顶部可见“TBF”“8.8”字样，螺栓前端 1.5cm 螺纹被打磨，打磨部分直径 1.6cm，螺栓插入螺孔后与轨面底部平齐并卡住轨腰，螺栓顶部呈六边形；距顶端 5cm、距成端边缘 3.5cm 的钢板上有一直径 2cm 的螺孔，螺孔内有一直径 2cm，长 5cm 的螺栓（物证编号 3、照相固定后实物提取），剩余 2.4cm 未进入螺孔，螺栓顶部可见“TBF”“8.8”字样，螺栓前端 1.5cm 螺纹被打磨，打磨部分直径 1.6cm，螺栓插入螺孔后与轨面底部平齐并卡住轨腰，螺栓顶部呈六边形；构件靠钢轨内侧用 4 块 0.7cm 厚的钢板纵向与顶部焊接，形成支撑梁，支撑梁钢板尺寸分别为 9cm × 8.5cm × 12.5cm；7cm × 7cm × 8cm；5.5cm × 5cm × 5cm；6cm × 2cm × 7cm；构件靠钢轨内侧距顶部 28cm、底部 2.4cm 有一厚 0.7cm，大小为 11cm × 8cm × 3.5cm × 1.5cm 的横向直角梯形钢板与侧面钢板焊接并与上行右轨内侧扣件螺帽紧靠，此处钢板上部有一纵向 10cm × 8cm × 6cm 厚 0.7cm 的钢板与侧面焊接。

金属构件靠钢轨外侧距顶端 5cm、距昆端边缘 3.5cm 的钢板上有一直径 2.0cm 的螺孔，螺孔内有一直径 2cm，长 5cm 的螺栓（物证编号 4、照相固定后实物提取），剩余 2.4cm 未进入螺孔，螺栓顶部可见“TBF”“8.8”字样，螺栓前端 1.5cm 螺纹被打磨，打磨部分直径 1.6cm，螺栓插入螺孔后与轨面底部平齐并卡住轨腰，螺栓顶部呈六边形；距顶端 5cm、距成端边缘 3.5cm 的钢板上有一直径 2.0cm 的螺孔，螺孔内有一直径 2cm，长 5cm 的螺栓（物证编号 5、照相固定后实物提取），剩余 2.5cm 未进入螺孔，螺栓顶部可见“TBF”“8.8”字样，螺栓前端 1.5cm 螺纹被打磨，打磨部分直径 1.6cm，螺栓插入螺孔后与轨面底部平齐并卡住轨腰，螺栓顶部呈六边形；构件靠钢轨内侧距顶部 28cm、底部 2.4cm 有一厚 0.7cm 的横向直角梯形钢板 11cm × 8cm × 4cm × 1.0cm 与侧面焊接并

共 4 页　第 2 页

与上行右轨外侧扣件螺帽紧靠。此处钢板上部有一纵向 10cm×8cm×6cm 厚 0.7cm 的钢板与侧面焊接。

在对钢轨上的金属构件照、摄像固定后，由××工务段××线路车间桐子林巡防工区的工人用撬棍、活动扳手等工具将金属构件拆下。金属构件拆除后，上行右轨内、外侧轨底上可见长 25.5cm、宽 1.1cm 的擦划痕迹（物证编号 6、7、照相固定），擦痕方向由昆方向成方；内、外侧扣件螺帽靠昆方一侧均有撞击痕迹（物证编号 8、9、照相固定）。

K723+970m 上行左轨轨面上有一由昆方向成方长为 25.5cm 的擦划痕迹（物证编号 10、照相固定），外侧轨底相应位置有一由昆方向成方长为 25.5cm 的擦划痕迹（物证编号 11、照相固定）；外侧扣件被撞击后变形并整体向成方移位 2.5cm，扣件靠昆方一侧的弹簧条、垫圈、螺帽上均有撞击痕（物证编号 12、照相固定），K723+970.5m 距上行右轨内侧轨底 68cm 的道砟石上有一长为 5cm、直径 2.0cm 的螺栓（物证编号 13、照相固定后实物提取），螺栓顶部可见“TBF”“8.8”字样，螺栓前端 1.5cm 螺纹被打磨，打磨部分直径 1.6cm，顶部呈六边形；距上行左轨外侧轨底 9.5cm，水泥枕成端边缘 7cm 的水泥枕上有一 7cm×2cm 由东南向西北的斜向撞击痕迹（物证编号 14、照相固定）。

由中心现场向外围 200m 范围进行扩大搜索，未见其他痕迹物证（完）。

现场勘验检查制图 2 张；照相 43 张；录像 0 分钟；录音 0 分钟。

现场勘验检查记录人员：

笔录人：

制图人：

照相人：

录像人：

录音人：

现场勘验检查人员：

单位：××铁路公安处刑事技术支队　职务：工程师　签名：×××

单位：××铁路公安处刑事技术支队　职务：法医师　签名：×××

单位：××铁路公安处××站派出所　职务：　签名：×××

单位：××铁路公安处××南站派出所　职务：　签名：×××

单位：××铁路公安处××站派出所　职务：　签名：×××

单位：××铁路公安处××站派出所　职务：技术员　签名：×××

现场勘验检查见证人：

性别：男　年龄：38岁，单位或住址：××工务段米易路桥车间　签名：×××

性别：男　年龄：35岁，单位或住址：××工务段米易路桥车间　签名：×××

二〇一四年四月二日

共 4 页　第 4 页

三、实训目的与要求

要求学生在准确掌握现场笔录、现场图制作要领的基础上,使用由学校提供的标准笔录、绘图用纸,依据模拟实地勘验演练获得的测量数据和情况描述内容,按照制作要求和步骤,制作现场笔录和现场图,完成后上交教师批改。教师根据训练效果和质量可安排多次内容相同的训练,以保证学生能够较熟练地掌握该项技能。

四、实训内容

根据实训案件,制作实地勘验笔录,制作现场方位示意图、中心现场平面示意图。

五、实训组织

以 1 个中队为一个教学训练单元,每个小组 5 ~6 人。采用分组轮训、分组考核方式进行演练。准备以下仪器设备:音像资料、多媒体教学系统;模拟犯罪现场实验室;测量与记录工具,制作笔录、绘图的专用纸张。结合模拟犯罪现场实验室的设施条件与真实案例设计、布置模拟犯罪现场,实训小组根据设计现场情况完成勘验笔录、绘制现场图。

六、实训案例

略。

第五章　铁路犯罪现场分析实训

【教学重点与难点】

教学重点:铁路犯罪现场分析的内容和方法。

教学难点:铁路犯罪现场分析的内容和方法。

一、实训原理

现场分析又称现场讨论、临场分析,是在实地勘验、现场访问等勘查活动基本结束之后,勘查指挥人员召集全体勘查人员,在汇集所得材料的基础上,对现场所反映出的与案件有关的问题,就近、及时地进行研究和判断的一项侦查活动。

(一)现场分析的步骤

1. 汇集信息

犯罪现场访问和实地勘验中所获得的犯罪信息,是正确分析研究现场情况的客观依据。

2. 个别分析

个别分析是对犯罪现场中的个体要素和具体现象的研究确认,是从犯罪现场构成的最基本要素与犯罪行为的关系做起,为下一步准确判断奠定基础。

3. 专题分析

专题分析是在汇集材料、个别分析的基础上,把现场分析内容整体分解为若干问题,进行分门别类的认识过程。

4. 综合分析

综合分析就是将各专题分析的主导结果有机地组合在一起,相互比较,相互印证,深入探讨,对现场形成的过程做出整体判断。

5. 复析

不是所有的案件都需要复析，有些疑难、复杂以及变动的犯罪现场，在实施侦查后，发现问题或者侦查“此路不通”的时候，可能对犯罪现场进行复查，这时就要复析。

（二）现场分析的内容和依据

《公安机关刑事案件现场勘验检查规则》第 74 条将现场分析的内容概括为 15 个分析项目：(1)侵害目标和损失；(2)作案地点、场所；(3)开始作案的时间和作案所需要的时间；(4)作案人出入现场的位置、侵入方式和行走路线；(5)作案人数；(6)作案方式、手段和特点；(7)作案工具；(8)作案人在现场的活动过程；(9)作案人的个人特征和作案条件；(10)有无伪装或者其他反常现象；(11)作案动机和目的；(12)案件性质；(13)是否系列犯罪；(14)侦查方向和范围；(15)其他需要分析解决的问题。

1. 案(事)件性质及分析依据

现场勘查中常见的事件性质有三种：意外事故、刑事案件、伪造假案。只有当事件性质为刑事案件时，才需要进一步确定案件性质。认定事件性质解决的是立案与否及部门管辖的问题，认定案件性质解决的是侦查工作的方向、途径、措施与方法等问题。多数情况下，事件性质清楚了，案件性质也就明确了。但有时也不尽然，甚至会有直到破案，事件性质或案件性质才能认定的情况。

现场情况不同往往反映事件或案件的性质不同，定性分析的依据也会有所不同，有的案件仅根据现场勘验和访问的情况就可定性，有的还要根据侦查实验和检验鉴定的结论才可定性。需要哪些依据，从哪些角度进行分析要视情选择，不能一概而论。

分析事件性质：

①根据勘验、检查情况判断；

②根据现场访问情况判断；

③根据现场实验结果判断；

④根据检验、鉴定结论判断。

一般而言，根据以上几个方面的分析研究，事件性质即可判明。但是，有时也可能由于掌握的材料有限，或事件本身的复杂性，或作案人狡猾、作案手段隐蔽等原因，一时难以确定事件性质，在这种情况下，不应急于对事件性质作出判断，而应进一步调查研究，待掌握了充分的事实依据后再作出判断。

分析案件性质：

①研究犯罪的动机目的，据以判断案件性质；

②根据犯罪行为方式判断；

③根据作案人对现场的知情程度推断。

2. 作案过程及分析依据

作案过程通常是指作案人在现场上进行犯罪活动的先后顺序和行为动作的综合情况。具体是指作案人从何处进入现场，到过什么地方，接触过什么物体，做过哪些行为动作，目的是什么，最后从哪里逃离现场。它涵盖了对作案时间、地点、人数、工具、手段、活动顺序等单项内容的分析，是对这些内容的概括性描述。分析作案过程有助于侦查人员寻找发现关联现场或更多的痕迹物证，分析作案人对现场空间环境的熟悉程度，以及判断作案人的动机目的等。判明这些问题，不仅对于认定案件性质、刻画作案人应具备的条件、确定侦查范围具有重要作用，而且对于以后甄别犯罪嫌疑人的口供也具有重要意义。分析作案过程可从以下方面进行：

根据被害人、知情人的陈述分析。

根据现场上遗留的各种痕迹特征分析。具体可从现场上足迹的走向及路线推断，或从其他痕迹形成的先后顺序推断。

根据事物的因果制约关系分析。这种因果制约关系表现为：后一行为的实施要以前一行为的结果为条件，即没有前一行为结果就不可能进行后一行为。

3. 作案时间及分析依据

作案时间通常是指作案人进行犯罪活动的起止时间段。因此，称为“作案时段”更为准确。它包括作案人在主体现场活动的时间段和关联现场活动的时间段，以及其中一些重要的时间段、点，如死亡时间、爆炸时间、钟表被打落后停摆的时刻、证人看到异常现象或听到异常声响的时间等。分析作案时间，要善于去除假象、识破伪装。判明作案时间，不仅对于确定与否定犯罪嫌疑人具有重要意义，而且能为及时采取追缉堵截等紧急措施，为缩小侦查范围、核实证人证言、甄别犯罪嫌疑人的供述等提供依据。通常可从以下方面进行：

根据事主、被害人、目击者及其他知情群众提供的情况判断；

根据现场上能反映作案时间信息的痕迹、物品推断；

根据尸体现象及胃内容物消化程度判断死亡时间，进而推断作案时间；

根据现场环境、人员流动、交通班次等情况推断；

根据现场计时实验情况推断；

根据被害人的作息时间规律、生前习惯推断。

4. 作案地点及分析依据

作案地点是指作案人实施犯罪行为的具体空间或场所。通常作案地点不难判断,犯罪的发现地即是主要犯罪行为的实施地——主体现场。但有时现场地点较分散,发现地是关联现场或其中之一,如碎尸、抛尸案件;有时现场状态呈隐性反映,如疑似被侵害案件;“两拦”案件或蒙头绑架案件,被害人往往说不清被侵害或被关押的地点;等等。如此情况下,对作案地点的研究就显得非常重要。通常,应从以下方面分析作案地点:

研究现场上有无反常情况。这里所指的反常情况,是指不符合事物发展客观规律而能够表明某一特定处所并非某种犯罪行为实施地点的情况。据此可判断该现场是否是主体现场,是什么性质的现场,是伪装现场还是伪造现场,进而可作为判断事件或案件性质的依据。

研究现场上的犯罪痕迹。现场上的犯罪痕迹往往可表明发案地点是主体现场抑或关联现场,是什么性质的现场等问题。

研究尸体上或尸体附近的异常物质。可据此判断尸体所在的地点是否是杀人地点,以及杀人地点具有的环境特征。

研究现场上有无移尸迹象。可据此判断尸体所在地点是否是抛尸地点、移尸的工具是什么等问题。

5. 作案工具,作案手段、方式及分析依据

犯罪行为人在作案过程中通常都要借助一定的工具,而作案工具往往又与作案手段、方式密切相关。分析作案工具,主要是分析作案工具的种类、规格、尺寸及工具上的个别特征。但由于作案工具种类繁多,没有固定的范围和形状,再加上承受客体的质料不同,工具接触面不同,作用力的大小、方向、角度不同,即使使用同一种工具,造成的痕迹常常也形态各异,因此分析判断作案工具往往难度较大。分析作案工具,关键是平时应留意各种工具形成的痕迹形态,加强经验积累。分析作案工具,有助于分析作案手段和方式,反之亦然;有助于搜集证据、证实犯罪;有助于判断作案动机、职业特点、作案条件以及作案人是否为惯犯等,还便于以物找人,发现犯罪嫌疑人。分析依据主要从以下方面寻找:

事主、被害人和知情人提供的情况;

现场状况和痕迹、物证;

致伤、致死、致损原因和现场环境等。

6. 作案人数及分析依据

分析作案人数,主要是分析是单人作案还是结伙作案,在依据确切时还可以确定具体的人数。分析作案人数,有助于确定侦查范围以及查找犯罪嫌疑人。应从以下方面分析:

根据作案人遗留的足迹、手印推断;

根据现场上丢失财物的数量、体积、重量,结合运赃方法判断;

根据尸体上的伤痕和现场遗留的破坏工具痕迹推断;

根据现场遗留的某些物品推断;

根据犯罪行为和结果推断;

根据被害人、知情人的陈述判断。

7.作案人特征及分析依据

分析作案人特征,又称“分析画像”“案像分析”“刻画作案人形象”。包括分析作案人的人身特征(体貌特征、衣着特征、行为习惯)、社会特征(社会身份、职业特征、居住特征、犯罪经历或经验特征)、心理特征、必要特征[必备人数、必备工具、必要技能或体能、知情(熟悉)程度、特定时空条件]等内容。分析判断作案人特征准确与否,在很大程度上决定着侦查方向和范围,关系到能否及时发现犯罪嫌疑人及后续侦查工作的成败,是现场分析中分量较重的分析项目。

分析判断作案人的人身特征,作案人的人身特征包括体貌特征(性别、年龄、身高、体态等)、衣着特征、行为习惯等方面。

(1)分析判断作案人的性别

作案人的性别一般可从以下方面进行推断:①男女在作案过程中的差异:体力上的差异、选择作案目的物的差异等;②现场遗留痕迹物品的差异。

(2)分析判断作案人身高

作案人的身高是一个极为重要的侦查依据,准确判断作案人身高,对于缩小侦查范围,排查犯罪嫌疑人具有重要意义。

对于被害人与作案人有正面接触过程的抢劫、强奸案件以及有目击者的案件,主要根据被害人、目击者的陈述判断作案者的身高。

对其他案件主要是根据现场足迹、手印推算作案者的身高。

(3)分析判断作案人年龄

准确判断作案人的年龄,对于摸排发现犯罪嫌疑人也具有重要意义。

分析判断作案人年龄的主要是:①根据现场足迹推断;②根据现场指纹推断;③根据作案过程中显示的行为能力推断。

(4)分析判断作案人的行为习惯

行为习惯是行为人动作上的一种定型化反映,不同的人由于种种原因往往形成各自不同的行为习惯。行为习惯具有重复性且往往难以改变和伪装,行为人一般是在不假思索的状态下实施和完成行为的。显然,作案人的行为习惯也会经常通过其作案活动反映出来。在现场分析中,对作案人行为习惯的分析研究将有助于摸排和审查犯罪嫌疑人，有助于进行串案分析和并案侦查。分析作案人的行为习惯可从以下几方面进行：①根据足迹分析作案人的行走习惯。②根据气味分析作案人的饮食习惯。③根据声音分析作案人的言语习惯。④根据用力特征分析作案人左右用手的习惯。

分析判断作案人的社会特征，作案人的社会特征包括社会身份、职业特征、居住状况、犯罪经历或经验特征等。

(1)分析判断作案人的社会身份、职业特征：

利用手印进行分析。

根据衣着服饰、穿戴打扮进行分析。

根据语言内容进行分析。

根据皮肤颜色及粗糙细致程度等分析。

根据作案人身上的气味推断。

根据现场遗留物推断。

根据遗留在工具痕迹上的附着物分析。

根据作案人使用某种器具作案的熟练程度和技能特征分析。

(2)分析判断作案人的居住状况。准确判断出作案人的居住范围，对于划定侦查范围，确定侦查方向，迅速寻找、发现作案人有着重要意义。分析作案人的居住状况，主要依据有：

根据口音和方言分析。

根据犯罪隐语分析。

根据作案人的谈话内容分析。

根据作案人对现场环境的熟悉程度分析。

根据现场遗留物分析。

根据现场材料分析。

(3)分析判断作案人的犯罪经历或经验特征，即是否为惯犯。主要有：

从语言特点分析。

从破坏特征分析。

从作案行为习惯特征分析。

从作案过程特征分析。

从伪装、破坏痕迹特征上分析。

从步法特征分析。

(4)分析判断作案人的心理特征，就是分析作案人的人格类型与实施犯罪行为时的心理状态。即一方面分析作案人是否属于人格异化、心理变态以及属于何种异化变态之人;另一方面,对人格正常者,分析其实施具体行为时的心理状态。分析作案人的心理特征,通常要依据犯罪心理痕迹进行分析。分析作案人心理特征的方法是:

根据作案现场周围环境的选择分析;

根据作案人作案手段及其技能运用分析;

根据作案人侵害对象和获取的目的物分析;

根据现场遗留的痕迹和物证分析。

分析判断作案人的必要特征,作案人的必要特征,是指在具体案件中,作案人实施犯罪行为所必需的条件和特定技能或体能等,包括必备人数、必备工具、必要技能或体能、知情(熟悉)程度、特定时空条件等内容。

(1)分析作案人对现场的知情或熟悉程度。分析判断作案人对现场环境及其内部的熟悉、了解程度,可以为确定侦查范围、排查犯罪嫌疑人提供重要依据。主要从以下方面分析:

根据作案人选择的作案时间分析。

根据作案人选择的进出路线、进出口及其进出现场的方法分析。

根据选择的作案目标是否准确分析。

根据现场上有无接待应酬迹象分析。

根据现场上伪装迹象分析。

(2)分析作案人的必要技能或体能特征。

作案人在实施犯罪行为过程中,为了实现犯罪目的,完成特定的犯罪行为,有时必须具备必要的技能或体能。如果不具备这样的技能或体能,那么有些特定的行为就无法完成。可根据现场的环境条件、作案工具及手段方式、侵害目标的选择等多方面情况进行分析。

8. 作案动机目的及分析依据

作案动机,是指推动行为人实施犯罪的内心起因。作案目的是行为人实施犯罪所期望达到的结果。

(1)对作案动机目的的分析,主要从以下方面进行:

①从犯罪嫌疑人与被侵害单位或被害人的工作性质、政治态度、经济状况、社会交往以及生活作风等,找出被侵害的因果关系,判断作案动机目的。

②从作案的中心目标、目的物及产生的后果来判断作案动机目的。

③从犯罪嫌疑人作案的手法和在现场上的活动过程去判断作案动机目的。

④侦查实践中,研究犯罪的动机目的,还应着重综合考虑以下两个方面的情况:第一,受侵害单位或被害人的情况;第二,现场状况。

(2)分析作案动机目的应注意的问题

研究犯罪动机目的是个极为复杂的问题,并非所有的案件都能顺利解决这一问题。它往往受多种因素的影响,有时甚至要等到抓获犯罪嫌疑人后,才能搞清其真正的作案动机目的。所以对此分析应实事求是,充分利用勘查材料,能分析到什么程度就到什么程度,不能勉强。

①应立足于现场,坚持实事求是的原则,切忌主观臆断;

②根据现场现有材料分析,应注意由于各种意外因素的影响而导致动机目的转移;

③分析动机目的时,既要注意现场各种现象又要防止被各种假象所迷惑导致分析错误;

④根据因果关系分析作案动机目的时,应考虑因果关系的复杂性、隐蔽性。避免出现:只抓明因,不抓暗因;只抓近因不抓远因;多因多果案件简单化;没有明显因果关系的案件复杂化。

9. 被害人的背景及分析依据

对于在现场上发现被害人的案件,特别是被害人身份不明的,在现场分析时还必须分析被害人情况。分析判断被害人的背景,不仅可以查明被害人的身份,查找因果关系,而且有利于选择正确的侦查途径、缩小侦查范围。分析被害人,通常要分析被害人的被害状况、职业身份、人际交往、家庭关系、经济状况等。

(1)分析被害人的被害状况。分析被害人的被害状况主要是分析被害人致死的原因、伤情、致死或致伤的工具等。分析被害人的被害状况主要根据法医对被害人的检验结论进行分析。

(2)分析被害人的职业身份。分析被害人的职业身份主要是分析被害人是从事何种职业的。分析的依据主要有访问所获情况,衣着穿戴、头发、皮肤、身体、指甲状况,被害人身体上黏附的异物情况,失窃物品情况等。

(3)分析被害人的人际交往。分析被害人的人际交往,主要是分析与被害人交往的人员情况。分析的依据主要是现场访问情况以及现场上财物丢失情况。

(4)分析被害人的家庭关系。分析被害人的家庭关系,主要是分析被害人家庭成员及相互关系情况。分析的依据主要是现场访问情况。

(5)分析被害人的经济状况。被害人的经济状况主要依据现场状态、现场环境、被害人衣着穿戴情况、被害人身体状况、财物丢失情况等分析。

10. 确定侦查范围和侦查方向及依据

(1)划定侦查范围

侦查范围,是指开展侦查工作的地域范围、社会范围。划定侦查范围主要有以下依据:

①根据作案人对现场情况是否知情来确定;

②根据现场地理环境和当时当地的治安状况来确定;

③根据犯罪现场的关联图形来确定;

④根据案犯的人身形象特征来确定;

⑤根据现场遗留物来确定;

⑥根据现场痕迹来确定;

⑦根据作案工具来确定;

⑧根据作案手段、方法来确定;

⑨根据赃款、赃物的可能去向来确定;

⑩根据对作案过程的分析研究来确定。

(2)确定侦查方向

侦查方向系指侦查工作的目标指向。具体来说,是指侦查工作下一步的切入点、需要解决的问题以及采取的相应措施。这些元素构成了一个具有指向性的活动管道,将侦查工作由立案前的初查阶段导入立案后的侦查阶段。确定侦查方向主要有以下依据:

①根据案件性质确定;

②根据犯罪条件和犯罪人的个人特点确定;

③根据犯罪人的行踪、动向来确定。

二、参考范例

(一)简要案情

2012 年 11 月 23 日 7 时 35 分,太原铁路宾馆服务员张某向×××铁路公安处指挥中心报案称:"今天 7 时 30 分,我交班前打扫宾馆 E×1××房卫生。我用钥匙打开房门,见房间客厅地面有血,一女子躺在床上,身上有血迹,可能被杀害。我立即从房内跑出并关上房门,然后向×××铁路公安处指挥中心电话报案。"

接报后,×××铁路公安处立即启动紧急预案,副处长×××率领刑侦、技术、网侦、技侦人员迅速赶赴现场,并采取以下处置措施:一是由副处长×××担任现场勘查指挥,下设现场保护组、现场勘验组、现场调查访问组、法医组、情报信息组、机动组及专门侦查组7个工作组；二是组织8名侦、技人员对现场进行勘查。

（二）初步侦查工作

（1）现场保护：划定保护范围，设置警戒线，对现场周边进行搜索，发现痕迹物证，确定现场勘查范围，确定被害人死、伤情况，采取紧急救护措施。

（2）实地勘验：组织侦技人员对现场进行勘查，注意发现痕迹物证，为侦查破案提供线索；法医对尸体进行检验，确定致死工具、致死原因及死亡时间；同时注意发现嗅源，启动警犬开展追踪。

（3）调查访问：对报案人、发现人、被害人亲属以及围绕案发现场周边及重点区域开展调查访问，采取“以物找人”“从人到案”“从案到人”等侦查措施，开展调查访问工作。

（4）追击堵截：对车站、码头、机场、公路等卡口设卡堵截，盘查可疑人员。

（5）情报信息：负责信息收集、整理，做好上传下达等工作；做好同类案件的梳理工作，筛选重点人员。

（6）排查布控：对医院、药店、网吧、歌厅及宾馆、小旅社等场所进行排查，从中发现可疑人员；同时对工作中发现的被盗抢赃物进行布控。

（7）专门侦查：对工作中可能呈现出的手机以及网络线索依法进行专门侦查；同时启用专案特情开展工作。

（三）现场勘查情况

（详见现场勘验检查笔录项目的参考范例）

（四）现场调查、访问情况

1. 访问报案人张某

11月22日18时许，宾馆E×1××房房客要了红酒、快餐，张某将红酒、快餐送到E×1××房，见房间内有一名女子和一名男子。19时，张某到E×1××房间打扫卫生，见那名女子和男子还在房间内。23日7时30分，张某交班前打扫宾馆房间卫生，用钥匙打开E×1××房房门。见房间客厅地面有血，该女子躺在床上，身上有血迹，可能被杀害。张某立即关上房门并向××铁路公安处指挥中心电话报案。酒店内总台有监控，酒店无其他值班人员。

采取以下临场侦查措施：

（1）现场提取了张某口腔拭子、手印、鞋印备查；

（2）经调取宾馆总台视频监控：22日17时40分一女一男进入太原铁路宾馆，17时45分女子在总台登记；

（3）经查询宾馆总台住宿登记：房客赵某，登记房间为1××房，押金

300 元；

(4)经查询赵某户籍：赵某，女，32 岁，山西省古交市新华煤炭运销公司会计，住山西省古交市新华煤炭运销公司宿舍，身份证号码××××××××××××××××××；

(5)现场勘查发现手机一台，侦技协同作战，对该手机查询：手机号码 139××××××××(微信名为“小星星”)；

(6)对 139××××××××号码查询：机主为赵某。11 月 22 日 8 时 30 分与 134××××××××号码(微信名“小羽”)通话；22 日 11 时 30 分至 15 时 30 分，与“小羽”微信联系购买火车票一事；22 日 17 时 13 分，赵某与“小羽”短信联系在太原火车站出站口见面；22 日 19 时 2 分，赵某与 159××××××××号码通话联系；22 日 19 时 45 分，赵某发微信给“小羽”：你这个负心人。“小羽”回复：宝贝下次好好陪你。

(7)查询太原火车站出站口 22 日 17 时左右监控视频，调取赵某出站时带一黑色电脑包截图。

(8)对 134××××××××号码查询：机主江某，男，25 岁，住山西省太原市新华宿舍，单位太原市新华科技有限公司。对 159××××××××号码查询无结果。

2. 访问赵某丈夫张某新

张某新辨认死者照片后确认：死者是赵某。

张某新、赵某夫妻俩感情好，赵某未与人结仇，平时喜欢上网聊天。11 月 22 日，赵某说要去郑州开会，过几天回。托一个叫“小羽”的网友帮忙买好了车票，赵某平时与“小羽”经常发短信联系。

张某新对赵某携带财物情况不清楚。

采取以下临场侦查措施：

(1)查询张某新电话：无异常情况。

(2)查询赵某的各银行开户及存取款明细：赵某在建设银行××××年××月×日开户，卡号：4532424×××××2105。11 月 22 日 15 时 30 分在古交市建设银行取款 3500 元，23 时 30 分在太原市五一路建设银行 ATM 取款 20000 元。

(3)查询取款视频监控：11 月 22 日 15 时 30 分古交市建设银行取款无视频；11 月 22 日 23 时 30 分太原市五一路建设银行 ATM 取款调取一模糊戴帽男子截图。

3. 访问赵某网友江某

2011 年江某与赵某在网上相识。江某网名“小羽”(电话 134××××××××),赵某网名“小星星”(电话 139××××××××)。11 月 22 日下午,江某从一票贩子手上帮赵某买了 11 月 24 日太原至郑州的火车票。22 日 17 时许,江某同赵某在太原火车站出站口见面,后一同到太原铁路宾馆入住 1××房,并叫宾馆送来红酒、快餐在房间吃喝。19 时 30 分许,江某被张某涛、钱甲叫到太原江明饭店喝酒,喝醉了。

采取以下临场侦查措施:提取江某口腔拭子、手印、鞋印备查;

4. 访问江某妻子李某某

11 月 22 日下午,江某说要加班,不回家吃饭。21 时许,江某的同事钱甲将喝醉酒的江某送回家。11 月 23 日 7 时,江某才起床。

5. 访问江某同事张某涛

11 月 22 日 19 时许,张某涛打电话叫江某来太原市江明饭店同钱甲一起喝酒。江某说正在和一个女网友在一起,后江某来到酒店。喝酒时,江某讲了他下午和一个富婆的风流韵事。张某涛和江某都喝醉,钱甲将他俩送回家。

6. 访问张某涛妻子李某乐

11 月 22 日 21 时许,张某涛的同事钱甲将喝醉的张某涛送回家。11 月 23 日 7 时,张某涛才起床,上班都迟到了。

7. 访问江某同事钱甲

11 月 22 日 19 时许,张某涛打电话叫江某来太原江明饭店喝酒,江某来到饭店。喝酒时,江明讲他下午和一个交古市的富婆在太原铁路宾馆 1××房间开房风流,还说了很多风流的细节。后张某涛和江某都喝醉了,钱甲将他两人送回家。回家后,钱甲在家上网(钱甲的网名“钱大官人”)与“都市靓妹”“猎艳甲”“艳遇男”网上聊天。聊天时,讲了江某在太原铁路宾馆 1××号房间同一富婆玩一夜情的事情,还怂恿大家去太原铁路宾馆试试。

采取以下临场侦查措施:

(1)查询“钱大官人”与“都市靓妹”“猎艳甲”“艳遇男”聊天记录:11 月 22 日 21 时 10 分至 21 时 50 分 4 人进入“都市猎艳”QQ 群聊天。内容是“富婆”艳遇,提及“太原站前铁路宾馆 1××房间有一名富婆”。

(2)查询“都市靓妹”“猎艳甲”“艳遇男”网络实名及户籍信息:“都市靓妹”真实姓名鲍某丽,女,33 岁,住太原市东方宿舍,太原市网新公司职员,身份证号××××××××××××××××××;“猎艳甲”真实姓名赵乙,男,30 岁,住山西省长治市东华宿舍,长治市大明饭店服务员,身份证号××××××

××××××××××××××;"艳遇男"真实姓名李甲,男,32岁,住山西省太原市东华苑宿舍,单位太原市新东方公司职员,身份证号××××××××××××××××××。

8.访问"都市靓妹"鲍某丽

11月22日21时许,在"都市猎艳群"QQ群与"钱大官人""艳遇男""猎艳甲"网聊一个富婆的艳遇。"钱大官人"说是朋友的真事,还怂恿大家去太原铁路宾馆找这个富婆,说房间号是1××房间。21时10分许,鲍某丽讲她的男友李乙(男,1977年10月15日生,无业,住山西省太原市东方宿舍小区7号楼101室,身份证号××××××××××××××××××)回家,站在后面看鲍某丽聊天,还不时插话,问这问那。因李乙喜欢赌博,两人正为钱的事吵架。21时30分许,李乙生气出走。11月23日0时许,李乙拿着一个黑色的包回到家中,说是到朋友那里取了钱,还从包里拿出一万元钱给鲍某丽。23日早上7时许李乙拿上黑色包离家,去哪里不清楚。

采取以下临场侦查措施:

(1)查询李乙人口信息、违法犯罪前科、在逃人员信息:无结果。

(2)鲍某丽对调取的11月22日23时30分在太原市五一路建设银行ATM取款模糊戴帽男子截图辨认,鲍某丽反映:李乙好像有一顶这样的帽子,但是图像模糊,无法确认。

(3)对鲍某丽家依法搜查,在李乙住处卫生间内李乙使用的玻璃杯上提取右手拇指、食指两枚手印及DNA生物检材。

9.访问"猎艳甲"赵乙

11月22日晚。赵乙在长治市东华宿舍上网,进"都市猎艳群"QQ群与"钱大官人""都市靓妹""猎艳甲"网聊。"钱大官人"讲了他的一个朋友和一个富婆在太原铁路宾馆1××房的风流事情,如果有人在太原就可以去搭个伙,赵乙后来下线了。

10.访问"艳遇男"李甲

11月22日20时左右上网,进"都市猎艳群"QQ群与"钱大官人""都市靓妹""猎艳甲"网聊,"钱大官人"说太原铁路宾馆1××房间一个富婆的艳事。22时许,李甲妻子许某丽催李甲下线睡觉了。

11.访问李甲妻子许某丽

11月22日晚,许某丽在家看电视,丈夫李甲在家上网。22时许,许某丽催促李甲上床睡觉,李甲给许某丽讲了在网上看到的一个富婆的艳事。23日7时,李甲起床上班去了。

12. 访问死者赵某领导夏某华

夏某华是山西省古交市新华煤炭运销公司财务科科长，电话159××××××××。赵某平时为人很好，衣着时髦，喜欢上网，有很多的网友，夫妻感情很好。单位安排赵某11月25日去郑州参加会议，赵某说22日就过去，已经托朋友买了车票。11月22日19时许，夏某华打电话告诉赵某会议接待方的电话号码是133××××××××。

采取以下临场侦查措施：

查询133××××××××号码机主资料和通话记录：机主钱乙，男，33岁，郑州市煤焦集团经理。

13. 访问钱乙

郑州市煤焦集团准备11月25日在郑州召开一个煤炭会议，邀请了山西省古交市新华煤炭运销公司来参加会议。11月22日钱乙打电话通知夏某华，并留下了联系电话：133××××××××。

（五）检验、鉴定情况

1. 对现场尸体的检验、鉴定

（1）死亡原因：锐器刺破左肺及主动脉致失血性休克死亡。

（2）死亡时间：根据尸斑、尸僵结合两次肛温测量变化值等尸体现象，推测死亡时间为11月22日21时30分左右。

（3）致死工具为单刃锐器。

（4）死亡性质为他杀：死者双手被反绑，口鼻部被毛巾捂堵，面部有多处划伤，分析为威逼伤；右手手臂外侧有划伤，分析为抵抗、搏斗伤。以上情况死者难以自己形成，分析为他杀。

2. 对现场遗留手印的比对、鉴定

提取现场卫生间水龙头血手印，经比对，认定为"李乙"右手拇指所留；床头柜边用过的避孕套包装袋上的汗液手印，经比对，认定为"李乙"右手拇指、食指所留。

通过对"李乙"右手拇指、食指手印网上串案查询：

2011年5月11日，山西省晋城市公安局接报，晋城市地方供电公司网络部经理李丙报案称："2011年3月，被一名自称太原新技术公司经理孔某的人诈骗订金2万元。"

3. 对提取的检材进行DNA检验、比对

（1）提取现场所有血迹、两个避孕套外壁擦拭物、现场的2根毛发，以上检材均检出DNA，经比对，与死者赵某DNA认定同一。

(2)在“李乙”住处卫生间,提取“李乙”使用的玻璃杯上、死者指甲缝残留物、卧室垃圾桶内避孕套内精液检材,均检出DNA,经比对,与“李乙”使用的玻璃杯上DNA认定同一。

(3)提取现场烟灰缸内云烟烟蒂、卫生间垃圾桶内避孕套里精液检材,均检出另一男性DNA。

4. 对现场提取的“A031967,太原—郑州K502,罗某,身份证××××××××××××××××××”火车票鉴定:系假票。

5. 提取案发现场、房间阳台上的鞋印及房间阳台外沙土堆上的立体鞋印。经分析为两种鞋印,其中一种是报案人张某的鞋印。另外一种花纹鞋印分析为犯罪嫌疑人所留,鞋印长28厘米,分析为中等体态、身高175厘米左右男性所留。

(六)案件现场分析

案件分析的依据主要是现场勘查、现场访问、检验鉴定、信息查询获悉的信息资料。

1. 侵害目标是赵某的人身和财物。

损失:

(1)经法医检验,死者赵某系被他人用锐器刺破左肺及主动脉致失血性休克死亡。

(2)死者双手被反绑,口鼻被毛巾捂堵,下身裸露;现场发现使用过的避孕套,避孕套外壁均检出死者赵某DNA;卧室避孕套内精液、死者指甲缝内残留物检出嫌疑人“李乙”DNA;死者身上有多处威逼伤、抵抗伤、搏斗伤。分析死者可能被人强奸。

(3)被抢2.3万余元人民币(现金3000余元、银行卡内2万元人民币)、黑色电脑包一个、建设银行卡一张(卡号:4532424××××2105)。

依据:法医检验,死者有多处威逼伤、抵抗伤、搏斗伤,死者死亡时间为11月22日21时30分许;案发前,11月22日15时30分赵某银行卡在古交市建设银行被取3500元,分析为赵某自己取款;案发后,赵某银行卡11月22日23时30分在太原市五一路建设银行ATM被人取走2万元人民币;调取的截图显示:11月22日赵某在太原火车站出站口背一个黑色电脑包;现场勘查中未发现以上财物。

2. 作案地点为太原市站前街1号太原铁路宾馆E×1××号房间。

依据:现场痕迹物证分布自然,无伪装现象。

3. 作案时段为2012年11月22日21时30分至23时30分。

依据：

(1)法医推断死亡时间为11月23日21时30分左右。

(2)鲍某丽反映，11月22日21时30分许，犯罪嫌疑人“李乙”离开住处，11月23日0时许回到住处。

(3)赵某被抢的建设银行卡，11月22日23时30分在太原市×××建设银行ATM被人取走2万元人民币。

4. 作案进出口：犯罪嫌疑人“李乙”从1××号房间大门进入现场，从1××号房间阳台内翻越栅栏逃离现场。

依据：(1)案发现场大门、窗户、阳台落地玻璃均无撬痕，可以排除破门、破窗入室；

(2)卫生间窗户边框上有撬压痕迹，窗户呈打开状；

(3)房间门口有左右脚鞋尖朝房内灰尘加层鞋印，房间卧室床边有鞋尖朝床残缺血鞋印，房间阳台上有鞋尖朝外灰尘减尘鞋印，阳台外沙土上有立体鞋印。以上鞋印分析为嫌疑人所留，活动方向应为房门——房间内——阳台——阳台外。

5. 作案的人数：作案人数为1人，犯罪嫌疑人为“李乙”。

依据：(1)案发现场、房间阳台上的鞋印及房间阳台外沙土堆上的立体鞋印。经分析为两种鞋印，其中一种是报案人张某的鞋印。另外一种花纹鞋印分析为犯罪嫌疑人所留，鞋印长28cm，分析为中等体态、身高175cm左右男性所留；现场未发现其他鞋印。

(2)提取现场卫生间水龙头血手印，经比对，认定为“李乙”右手拇指所留；床头柜边用过的避孕套包装袋上的汗液手印，经比对，认定为“李乙”右手拇指、食指所留；现场未发现其他手印。

(3)提取“李乙”使用的玻璃杯上、死者指甲缝残留物、卧室垃圾桶内避孕套内精液检材，均检出DNA，经比对，与“李乙”使用的玻璃杯上DNA认定同一；提取现场烟灰缸内云烟烟蒂、卫生间垃圾桶内避孕套里精液检材，均检出另一男性DNA，分析死者网友江某及其他证人证言，该检材上的DNA为江某所留可能性较大，下一步要再次提取江某DNA拭子比对。

(4)鲍某丽对犯罪嫌疑人在ATM上取款戴帽男子视频截图辨认：鲍某丽的男朋“李乙”好像有一顶类似帽子。

6. 作案方式、手段和特点。

事先预谋，携带作案工具，诱骗进入房间，就地取材，使用电话线捆绑，用毛巾捂口鼻,戴避孕套强奸,威逼获取银行卡密码,奸抢结合,锐器割刺,单独作案,戴帽伪装。

7. 作案工具为单刃水果刀、电话线、毛巾、避孕套、帽子。

依据:(1)提取现场单刃水果刀刀刃上血迹,检出死者赵某 DNA。

(2)对法医检验、鉴定,分析致死工具为单刃锐器。

(3)死者双手被电话线反捆绑,电话线来源于现场电话机。

(4)现场发现的两个已使用的同种品牌的避孕套,两个避孕套外壁上均检出死者赵某 DNA,丢弃在卧室垃圾桶内避孕套内精液检出犯罪嫌疑人"李乙"DNA。

(5)死者赵某面部口鼻处被毛巾捂堵。

(6)犯罪嫌疑人用抢来的赵某银行账号取款时,头戴帽子有伪装。

8. 作案人在现场的活动过程。

(1)犯罪嫌疑人"李乙"看到女友鲍某丽和网友聊天,获悉赵某艳事和开房住址,并得知赵某可能较富有。

(2)"李乙"为钱的事与鲍某丽吵架,离开鲍某丽家,携带单刃水果刀、帽子来到太原铁路宾馆 E×1××号房间外伺机作案。

(3)采取诱骗方式,骗取被害人赵某开门,进入房间。

(4)赵某反抗,"李乙"用携带的单刃水果刀威逼赵某。

(5)"李乙"用房间内电话线将赵某双手反捆,就地取材使用避孕套对赵某进行强奸,强奸后将使用过的避孕套丢在房间卧室垃圾桶内。

(6)强奸后翻找财物,在翻找时,发现建行卡。"李乙"用刀割赵某面部等处,威逼其说出银行账号密码。在赵某钱包内继续翻找财物时,在火车票上留下赵某血迹。获取密码后,用毛巾捂堵赵某口鼻,用水果刀刺赵某左胸两刀,杀人灭口。

(7)杀人后将水果刀丢在床下,从卧室走到卫生间,地面留下成趟血滴(经分析血滴呈星芒状指向卫生间方向,确定行走方向是从卧室走到卫生间),卫生间地面留下血迹,然后在洗手池内洗手。

(8)从卫生间走到阳台,推开玻璃门,攀爬阳台栅栏,携带抢劫来的财物翻越栅栏逃离,在阳台外沙土上留下立体鞋印。

(9)在太原市五一路建设银行 ATM 上用抢来的银行卡取钱。

(10)"李乙"回到住处后,给了鲍某丽 1 万元钱,11 月 23 日早上逃离。

9. 作案人特征、作案条件。

对犯罪嫌疑人"李乙"进行相关人口户籍信息、违法犯罪信息、在逃信息查询，无结果；对手印串并案查询，体现出嫌疑人"孔某"，对"孔某"查询无结果。分析："李乙""孔某"均为虚假姓名。

综合现场勘验、调查访问等情况分析：作案人应为男性；现场鞋印分析，为身高在175cm左右，中等体态男子所留；有戴帽子遮掩取钱的行为，分析具有一定反侦查意识；作案人强奸、抢劫、杀人灭口，手段残忍，心理素质较好，可能有犯罪前科。

10. 现场未发现反常现象。

11. 作案动机和目的。

犯罪嫌疑人"李乙"作案动机和目的为图财、强奸、杀人灭口。

12. 案件性质为强奸抢劫杀人案。

13. 经网上手印、DNA比对串并案1起。

对"李乙"右手拇指、食指手印网上串案查询：2011年5月11日，山西省晋城市公安局接报，晋城市地方供电公司网络部经理李丙报案称："2011年3月被一名自称太原新技术公司经理孔某的人诈骗订金2万元。"

14. 侦查方向、范围和线索。

对犯罪嫌疑人"李乙"的侦查方向、范围和线索：

（1）鉴于犯罪嫌疑人"李乙"有重大作案嫌疑，围绕嫌疑人"李乙"开展工作，尽快实施抓捕。

（2）对现场遗留的手印、DNA、足迹、作案手段及方法继续进行网上串并案侦查；对已串并的"孔某诈骗案"，开展警务协作，调取相关案卷，对该案证人进行调查走访，争取获得更多线索。

（3）围绕被害人赵某被抢的黑色电脑包、建设银行卡等财物进行布控，开展"以物找人"的侦查工作，争取发现嫌疑人"李乙"行踪和其他线索，顺线追查。

（4）继续开展调查访问工作，依靠群众、发动群众，努力获取更多有价值的线索。

（5）继续对与"李乙"有密切接触的人进行走访，特别是对本案的鲍某丽、"孔某诈骗案"的被害人李丙进一步做工作，开展模拟画像等措施。

（6）对下一步访问中可能呈现出的犯罪嫌疑人"李乙"的手机、QQ号采取特殊侦查手段。

15. 视情进一步开展勘查。

16. 现场需要保留。

17. 暂无其他需要分析的问题。

三、实训目的

现场分析是一个多人参加、目的性很强的过程，要求必须按照一定的步骤、遵循一定的程序进行，因此熟悉活动步骤、掌握有效的组织技能是必不可少的。该项技能训练可分步实施：一是分工获取素材，即根据现场勘查分工，由各人从现场访问、实地勘验等不同方面整理获取相关素材；二是以小组为单位，在指挥员主持下，按规定步骤进行演练。通过训练使学生熟悉现场分析的一般流程，掌握相应的组织、协调技能。

四、实训内容

根据实训案例，对案情进行分析，并填写《现场勘验情况分析报告》。

五、实训组织

1. 45 ~46 人（1 个中队）为一个教学训练单元，每个中队分为 9 个训练小组，每个小组 5 ~6 人。采用分组轮训、分组考核方式进行演练。

2. 训练用品、器材和条件

案例卷宗材料；多媒体教学设备；按规范格式印制的现场勘验检查情况分析报告表。

六、实训案例

【案例 1】

2012 年 1 月 17 日 7 时 45 分，某公司报称该公司会计上班时，打开财务室门发现，财务室办公抽屉被拉开，物品凌乱，窗户被打开，铁皮柜被撬，柜内装有工资(3.5 万元)的皮包失踪。接报后，经勘查在窗户玻璃内侧上发现并提取到指尖朝上的食、中、环联指指印，从左到右呈低高中排列，指尖距地面高度 1.7m；地面发现两种足迹，一种为皮鞋，长 29cm，另一种为胶底布鞋，长 27cm；门锁完好，在门内侧把手上发现指纹 1 枚。

训练要求与提示：请根据现场情况，分析案件性质、动机、目的、手法、人数、工具等。

【案例 2】

2006 年 12 月 4 日 7 时 40 分，合肥市公安局指挥中心接居民黄某莉(女)电话报称，“今早 7 时 35 分回父母家，发现父母被杀死在家中”。接报后，合肥市公安局副局长带领刑侦支队侦、技人员迅速赶赴现场，对现场进行了实地勘验检查。

一、实地勘验情况

现场位于合肥市建业小区3号别墅黄某生家，该小区北与淮北市南湖湿地公园相邻，东为水产品养殖场，南约300米为东南—西北方向的101省道，西为水塘；小区院门朝南。3号别墅位于小区内的东北部，为一幢面北背南钢混结构的别墅楼；别墅楼西、南两侧临水塘，东侧为南北向水泥路，西北与4号别墅楼相邻；黄某生家位于别墅楼的北半部。

3号别墅黄某生家，为二室一厅一卫结构；大门朝北，系双扇外开木框玻璃门，门外有走廊、台阶。在大门西侧、次卧室北窗外走廊地面上，有立体足迹一枚，为右脚。进入室内是一东西向的过道，室内地面均系浅色复合地板铺设，室内灯光呈关闭状。地面发现有东北、西南向的血迹拖擦痕。

过道东侧是客厅，客厅门朝西。客厅内，东墙上有双扇塑钢推拉窗三个，窗上无防护栏，无窗帘，两窗窗扣关闭完好无异常。在客厅内，靠北墙中部，面南摆放一书柜；靠东墙、北窗下，面西摆放一写字台；靠东墙中窗与南窗之间，摆放一三人沙发，沙发前侧摆放一玻璃茶几，茶几西侧靠西墙，摆放一电视柜，电视柜上抽屉被翻动，下抽屉表面遗留灰尘手套印痕；室内西北角靠西墙，摆放一折叠式方形饭桌，

客厅门里侧地面上，头东北、脚西南仰卧一男性尸体，即黄某生。双手被从背后用白色胶带捆绑，嘴部被胶带封口；尸体右侧有男性布拖鞋一双；尸体南侧、门内侧有1拖擦血迹；尸体右侧血迹，尸体背部地面上有血足迹一枚；双手处有血迹一处。客厅茶几南侧地面上，头东脚西仰卧一女性尸体即秦某秀，上身穿白色圆领内衣，下穿外裤，脚穿丝袜，双手被从背后用白色胶带捆绑，在胶带上提取指纹一枚，并提取毛发一根，在左手内有毛发两根，嘴部被胶带封口；在尸体南侧地面上，有单刃刀一把，刀刃上有大量血迹，刀把上有血指纹三枚；刀旁右侧有血迹，头下方及头北侧有血迹。

大门内侧走道的西南侧，有一南北向过道，过道最南端西侧有一卧室（主卧室）。主卧室房门朝东，为一内右开单扇木门。室内西墙居中有一双扇塑钢推拉窗。靠东墙东西摆放一双人床，床头两侧各放一床头柜。北侧床头柜抽屉被打开、翻动，抽内物品被扔在柜前地上，抽屉面上遗留有灰尘手套印痕一处。在双人床北侧地面上，有拖把拖擦痕迹；卧室内西南角，面北摆放一衣柜，被打开、翻动，有一件上衣被扔在柜门外地面上，在左扇柜门中部右侧，遗留有灰尘手套印痕一处；双人床南侧床头柜抽屉被打开、翻动，抽屉面上遗留有灰尘手套印痕一处。

主卧室北与卫生间相接，卫生间房门朝东，房门无异常，卫生间西墙中部偏上方，有一双扇塑钢推拉窗。在卫生间内，南侧并排为三个大便池，北侧自东向西安装有洗面盆和两个小便池；洗面盆内有部分血水；面盆上方水龙头把手正面，遗留有血指纹一枚；在面盆东侧、靠东墙有一拖把，拖把上遗留血手套印一处；从拖把至

客厅男尸处有大量拖擦血迹。

卫生间北是次卧室，窗上无防护栏，无窗帘，窗扣关闭完好无异常。室内靠东墙东西摆放一双人床，床两侧各放一床头柜，两床头柜均被打开、翻动，南侧柜抽屉面上遗留有灰手套印一处；室内西南角，面东摆放一衣柜，被打开翻动，部分衣物被扔在柜外，左柜门中部右侧遗留有灰尘手套印一处。

二、尸体检验情况

黄某生尸体：

致伤工具：根据死者颈部左侧创口创角一钝一锐，创缘整齐，创腔内无组织间桥，左侧颈部有肌肉出血，左侧颈动脉、颈静脉断离，推断系单刃锐器刺切所致。

死亡原因：黄某生系被他人持单刃锐器刺切其颈部左侧，致左颈动脉、颈静脉断离，失血性休克死亡。

死亡时间：根据尸体现象及尸体所处的周围环境，以及尸温的测量，综合分析黄某生的死亡时间距检验尸体时间为 11 小时左右；根据死者胃内容物量约 300ml，质地变软，可分辨出食物的种类，十二指肠和空肠可见食物成分，推断死者死于末餐后 4 小时左右。

秦某秀尸体：

致伤工具：根据死者颈部左侧创口创角一钝一锐，创缘整齐，创腔内无组织间桥，左侧颈部肌肉出血，左侧颈动脉、颈静脉断离，推断系单刃锐器刺切所致。

死亡原因：秦某秀系被他人持单刃锐器刺切其颈部左侧，致左颈动脉、颈静脉断离，失血性休克死亡。

死亡时间：根据尸体现象及尸体所处的周围环境，以及尸温的测量，综合分析秦某秀的死亡时间距检验尸体时间为 11 小时左右；根据死者胃内容物量约 300ml，质地变软，可分辨出食物的种类，十二指肠和空肠可见食物成分，推断死者死于末餐后 4 小时左右。

三、现场访问的情况

（一）访问报案人黄某莉获知：黄某生家平时只有夫妻两人居住。黄某莉是 12 月 3 日晚 7 时许离开父母家的。黄某生家丢失价值 4000 元的金项链一条，价值 4000 元的金戒指一枚，价值 4000 元的诺基亚手机一部（机主黄某生，手机号 139××××××××，机身号：××××××. ××××××××. ×），工商银行储蓄卡一张（卡号是××××. ××××. ××××. ××××××××，密码是××××××内有存款 20 万元）。黄某生可能有外遇。经辨认现场遗留的刀是受害人家的，透明胶带不是受害人家的。

（二）访问被害人邻居魏某获知：12 月 3 日晚上 20 时 20 分左右，听到有几个人上楼的脚步声音，然后有人敲黄某生家的房门。

（三）访问小区保安薛某获知：12 月 3 日 20 时 10 分，有两男一女进入小区，声称找黄某生汇报工作，至晚上 10 时 10 分只看到两名男子离开，没注意女子何时离开。女的有 20 岁左右，身高 1.6～1.65m，长发，瓜子脸，大眼睛，上穿深色上衣，下穿深色裤子。

（四）访问出租车司机肖某华获知：12 月 23 日晚上 9 时左右在建业小区拉一个女的，这个女的身高在 1.6～1.65m，20 岁左右，长发，瓜子脸，上身穿深色上衣，下身穿深色裤子，操外地口音，在市 C 街的工商银行附近下的车。

（五）访问黄某生同事董某才获知：一年前，黄某生结识恺撒歌厅小姐刘某，他们两人关系不正常。刘某，女，20 岁左右，长发，瓜子脸，大眼睛，身高 1.6～1.65m。

（六）访问恺撒歌厅小姐刘某获知：刘某为 A 市人，其和黄某生有不正当男女关系有一年多时间了。知道黄某生家很有钱，案发当晚其没去上班，无人能证明其去向。

训练要求与提示：请根据现场情况，分析案件性质、动机、目的、手法、人数、工具等。

【案例 3】

2010 年 7 月 27 日 22 时 30 分，某站派出所民警李某接本所线路保安员李某勇报称：2010 年 7 月 27 日 22 时 20 分左右，李某勇巡线至陇海上行线 K1394＋001m 处，发现线路防护网外留有一盘电缆线。某所迅速启动割盗案件处置工作预案：一是保护现场，等待公安处侦技人员勘查；二是组织警力对现场周边进出路口进行查缉堵截，查控可疑对象；三是向周边地方公安机关通报案情，请求协助查控犯罪嫌疑人。接报后，刑警队长迅速率领侦技人员赶到现场。

现场位于陇海上行线某站至某站区间 K1394＋001m 至 K1394＋016m 处，该处位于某市清水县金集乡大望村。线路向东为社棠站方向，向西为某站方向。线路南侧是某车站直通场站场，线路向北依次是电缆沟、土坡、防护网、泥地、专用线，水泥公路。电缆沟距钢轨 2.5m，沟宽 50cm，沟深 24cm，沟上面覆盖水泥盖板，盖板规格为 60m（长）×40m（宽）×9cm（高），沟底部为泥土铺垫，沟内共铺设电缆线 2 根，其中贯通接地线直径 1.39cm，内有铜芯线 19 根，铜芯线直径 0.22cm；防护网距电缆沟 80cm，每块防护网长 3m，高 1.67m，防护网四边由 3cm 宽的铁条和铁柱组成边框，中间由直径 3mm 的绿色油漆铁丝网格组成，每个网格高 20cm、宽 9cm。

K1394＋001m 处北侧电缆沟盖板被移动，其南端向上翘起 9cm；掀开盖板可见，距电缆沟南侧壁 26cm 处的贯通接地线被剪断，断头以西的贯通接地线缺失，断面呈面积相近的双坡面，立顶位于中央位置。断面上有白色纤维黏附。距断端 3cm 的贯通接地线胶皮上有灰尘加层指印一枚，指尖朝西南。

K1394 +016m 处北侧电缆沟盖板被移动，其南端向上翘起 9cm；该盖板南侧相邻盖板表面，经静电吸附器吸附，呈现出一枚灰尘加层右脚鞋印，鞋尖朝西北。鞋印全长 28cm，前掌宽 10cm，后跟宽 7cm，前掌中心花纹为边长 2.8cm 菱形组成；揭开被移动的盖板可见，距电缆沟北侧壁 3cm 处的贯通接地线被剪断，断头以东的贯通接地线缺失，断头断面呈面积相近的双坡面，立顶位于中央位置。

K1394 +016m 北侧防护网下的土坡上，距防护网 20cm 处分布有 50cm × 30cm 范围的踩踏印痕，其中心部位呈现出一枚鞋印轮廓，鞋尖朝北；此踩踏印痕向西 1m 的土坡上，分布有 50cm × 30cm 范围的踩踏印痕，其中心部位呈现出一枚鞋印轮廓，鞋尖朝北。

K1394 +016m 北侧防护网顶部铁框上，黏附有 1 根长 7cm 的白色纤维，白色纤维另一端分叉，一端朝南，另一端朝北。纤维向西 40cm 的防护网铁框顶部和内侧面，黏附有 2cm × 1.5cm 大小的疑似血迹。疑似血迹向西 80cm，防护网顶部铁框外侧面有疑似二连指灰尘加层指印一处，2 个指纹指尖均朝下；指印向西 90cm，距地面 95cm 高的防护网网格铁丝外侧，黏附有 9cm × 2.5cm 大小的泥土块。

K1394 +017m 北侧防护网外，距防护网 35cm 的地面上有右脚立体鞋印一枚，鞋尖朝西北。鞋印全长 28cm，前掌宽 10cm，后跟宽 7cm，前掌中心花纹为边长 2.8cm 菱形组成；立体鞋印向西 2.5m，距防护网 40cm 的地面上遗留有烟蒂一枚，烟蒂上有“蘭州”字样。

K1394 +017m 北侧防护网外，距防护网 8m 的地面上有 350ml 苏打水瓶一个，上有“妙畅”字样；此处苏打水瓶向北，距防护网 12.5m 的草丛里有贯通接地线一盘，线盘直径 55cm，共 7 圈，二侧分别用捆扎带捆扎固定。贯通接地线直径 1.39cm，内部铜芯线直径 0.22cm，胶皮上印有“济南瑞通铁路电缆有限公司”“DHS”“1 × 70”等字样。在此盘贯通接地线距北端断头 5cm 的胶皮上有灰尘加层指印一枚。

K1394 +008m 北侧防护网外，距防护网 13m 的草丛里有断线钳一把，型号为“600”，钳身为黄色，上有“沃克工具制造有限公司”字样，断线钳刃口前端黏附有黄色金属光泽类物质；断线钳向南 1m 的草地上，有一个 350ml 苏打水瓶，瓶体上有“沃尔玛”字样；此苏打水瓶向东 2m，距防护网 13.5m 的草丛里，有一个 350ml 苏打水瓶，瓶体上有“娃哈哈”字样。

K1393 +997m 北侧防护网外，距防护网 1.2m 的地面上有一枚烟蒂，上面印有“Ashima”字样；此烟蒂向东 1m，距防护网 85cm、1.1m 的地面上分布有两处东西方向的擦划痕，大小分别为 50cm × 15cm、45cm × 15cm。

K1393 +985m 北侧防护网外，距防护网 14m 的地面上有两条并行的东西向的 3.5m 长的轮胎印痕，印痕间距 1.5m，轮胎宽 11.5cm，花纹为横向波折状；此两条轮胎印痕之间并行有一条 7cm 宽的轮胎印痕，印痕长 2.5m，中间花纹为纵向的波折状。

调查访问组在调查走访案件发现人和附近村民的同时，结合现场留有摩托车轮胎痕迹的情况，迅速调取通往现场路口视频监控，发现一辆可疑摩托车后深入调查，呈现重大嫌疑人一名。

1. 据某所民警李某反映：2010 年 7 月 27 日 22 时 30 分，李某接本所线路保安员李某勇报称：当日 22 时 20 分左右，李某勇巡线至陇海线 K1394 + 001m 处，发现线路防护网外留有一盘电缆线。

2. 据案件发现人李某勇反映：7 月 27 日 18 时李某勇接班后由东向西巡视线路，22 时 20 分发现 K1394 + 001m 处有人，同时听到摩托车发动声，李某勇立即向前赶，同时通知邻岗保安陈某升往东查堵，结果摩托车声往南走了，两人会合时没有看到人。李某勇于是向派出所值班民警李某报告。

3. 据线路保安员陈某升反映：7 月 27 日 22 时 25 分左右，陈某升巡线过程中接到李某勇电话后，立即向东搜索，看到一台摩托车向南面大望村方向开走了。

4. 据大望村治保主任董某设反映：村里的青壮年几乎每人都有摩托车，村民有人打麻将赌钱，村北头有条小路通往铁路，离小路最近的住户是周某家和夏某春家。

5. 据大望村村民周某反映：7 月 27 日晚 21 时 30 分左右，周在家看完电视剧《乡村爱情》后就睡觉了，没有听到摩托车声音。周某有一辆嘉陵 125 型摩托车，牌照甘 E1235。

6. 据大望村村民夏某春反映：7 月 27 日 21 时 30 分左右，夏某在家看完电视剧《乡村爱情》后，边看农业科技节目，边等儿子做作业，大约 22 时多，听到摩托车声音由北往南开去。

根据上述情况，结合现场勘查发现轮胎印痕，调查访问组迅速调取现场路口视频监控录像，发现一名男子骑一辆牌号为甘 E3 × 3 × 6（有两位数不清晰）的蓝色摩托车在案发时段由北往南通过路口。经查询《机动车\驾驶人信息系统》，查明有两位数不清晰的牌照号为甘 E3 × 3 × 6 蓝色本田 125 型摩托车，车主系天水市清水县清水镇大石头村村民董某南。

7. 据大石头村村民董某南反映：董某南原有一台蓝色本田 125 型摩托车，车牌号为甘 E3 × 3 × 6。2010 年春节后，董将摩托车卖给了同村人崔某林，没有办过户手续，卖车时村里的李甲在场。崔某林曾在铁路当过保安，平时有点懒，喜欢打麻将。7 月 28 日上午，董某南看到摩托车停在崔某林家院中。

8. 据大石头村村民李甲反映：2010 年春节前后，村民董某南将自己的本田 125 型摩托车卖给了同村人崔某林，当时李甲在场。崔某林曾在铁路当过保安，平时有点懒，喜欢打麻将。

训练要求与提示：请根据现场情况，分析案件基本情况。

【案例4】

2005年5月1日16时25分，某所接当地“110”转报：沪杭线斜桥至海宁区间发现一具女尸，死者手脚被绑，下身赤裸。据发现人反映，当日15时许，其去距斜桥三华里的铁路边割草时没有发现女尸，15时50分许，割完草返回时才发现，遂向某市公安局“110”报警（见下图）。

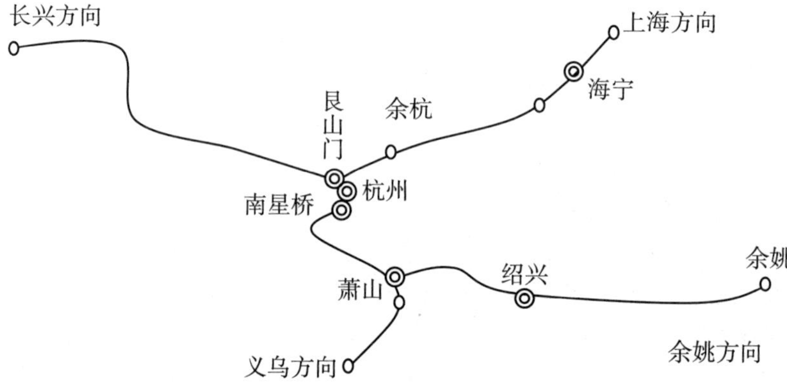

问题1. 接到报案后，指挥员应组织哪些人员赶赴现场？

问题2. 到达现场后，应开展哪些工作？

海宁所接警后迅速赶赴现场，展开现场保护、访问和搜索等前期处置工作，并于16时40分向公安处指挥中心报告。出警领导立即调集刑侦、技术人员出击，并下达指令：一是迅速向乔司、艮山门、嘉兴等邻近派出所通报案情，全面清查上下行各趟货列；二是向铁路分局调度查点，查明发现人割草的往返时段内通过现场的所有列车；三是由刑警支队长孙某海组织刑警分赴乔司、艮山门查访堵截；四是由技术科长组织技术人员赶赴现场勘查；五是立即向公安局报告。

经现场勘查，查明案发地点位于沪杭线K135+992m处。女尸头朝下行方向右轨，横卧于上、下行股道间的石碴上。死者年约30岁，上穿无袖圆领衫，下身赤裸，阴道内有分泌物，颈部被一条三角短裤勒住，在颈后打结，双手被塑料包装绳反绑在身后，双脚踝关节处被铁丝捆绑。女尸头下石碴上有喷溅状血迹。在距尸体6千米内下行方向的路基上，发现鞋、袜、短裤及一本绿面户口簿等散落物品。

问题3. 根据现场勘查情况画出现场图草图。

问题4. 根据现场勘查情况作出初步分析，该现场是否第一现场，第一现场在哪里？

为防止犯罪嫌疑人乘其他货列逃窜或流入市内，处领导抓住战机，迅速决策：

一、全线清查,命令管内沿线各所对所有途经停靠的货列进行清查;二、严密查堵,组织处机关各科室、杭州地区所队对站场、线路及周边重点复杂场所开展全面清查;三、迅速调查,确定第一现场,查清死者身份。

分赴艮山门、乔司两站的侦技人员经对 X237 次和 2603 次货列所有车厢逐节检查后,在 2603 次列车第 34 位高边车内发现了与斜桥地面现场相似的铁丝、塑料绳、一只尼龙袜、三滴血迹。经比对,与斜桥地面现场发现的遗留物相一致,血迹与死者的血型亦同一。由此确定,此案第一现场在 2603 次列车编组的第 34 位高边车上。

很快,局刑侦处根据现场提取到的户口簿(户主金某坤)地址,与户口所在地公安机关取得了联系,查清了尸源:死者马某英,现年 32 岁,辽宁省火石桥市汤池镇徐家沟村人,体貌特征与现场勘查结果一致。马于 3 月 21 日外出后一直未归。

同时,沿线各派出所和处机关科室的参战民警也在进行全线堵截,全面清查,我处管内迅速布起了严密的查缉网络。

问题 5. 根据上述情况分析案情。

【案例 5】

2001 年 10 月 11 日清晨 7 时许,抚顺市新抚区公安分局刑警大队接到市化纤染织厂报案:本厂女清洁工王某兰早晨 6 时 30 分清扫卫生时,发现保卫干事张某平死在办公楼女厕所内。张佩带的手枪被抢,所在值班室存放 15 万元工资款的铁柜被撬。

现场位于市化纤厂内北部一栋坐北朝南的四层办公室内。办公室南临该厂独身宿舍,西侧是厂内住宅,东、北两侧是红砖围墙。办公楼有东、西两个楼梯口,办公楼中间是东西向走廊,南北两侧是办公室。二楼西侧北面第一房间是女厕所,第五个房间是保卫科值班室。中心现场在女厕所内。尸体头北脚南呈仰卧状。尸体下部地面有面积 50cm × 50cm 血泊,血泊中有 2 颗牙齿。死者嘴部被胶带粘住,两小腿踝关节被 2.4m 长的胶带捆绑。地面上有杂乱的血足迹。保卫科门外偏西 5m 处有血泊,墙上有喷溅血点,从血泊到女厕所的走廊地面上有 15m 长、呈弯曲状的拖拉血迹和若干枚成趟血足迹。勘查中提取了三种不同花纹的血足迹。一种为散杂形花纹血足迹,长约 27.5cm,分析认为是“的尔王”牌鞋所形成;另一种是不规则杂形花纹血足迹,长约 25cm,分析认为是旅游鞋所形成。经比对,走廊上提取的血足迹与厕所地面上的血迹相同。另一中心现场在保卫科值班室,该室为双层门;外层门为铁质结构呈开状。门上暗锁完整无损,内侧门栓无损呈开启状,整个外层门无撬压痕迹;里层门为木质结构呈关闭状,门无破损暗锁完好。值班室内靠南墙有一单人床,被褥散乱有触摸血迹。靠北墙有一铁柜,柜门有撬压痕迹呈开状。地面有一染血螺纹钢撬棍。采用静电吸附方法在室内提取足迹 5 枚,经比对与走廊和厕所血足迹相同。

经清点:被案犯抢走“五四”式手枪1支、子弹6发、工资款15.8万余元。通过对外围现场勘查,发现北围墙西约30m处墙上有蹬蹭血迹,墙外20米范围内的草丛中有散落工资袋10余个(内有现金总计4000余元)和一张沾有血迹的报纸。

问题:先画出现场草图,再分析案情,确定侦查范围和方向。

【案例6】

1995年2月18日零时10分,金华市江南派出所接到南苑新村东31幢2单元301室户主报告,其住房天花板的缝隙间有红色液体渗漏下来,怀疑楼上401室出事。值班民警即带员赶赴现场,踢开房门,发现房内有3女2男被杀,马上向上级报告。区、市、省三级公安机关快速反应,立即组织了强有力的侦技班子开展现场勘查和调查走访工作。

(一)实地勘验情况

现场位于江南新区南苑新村东31幢2单元401室,为二室一厅。在大卧室内有4名死者。其中地上两名死者均为男性,一名(男尸甲)手脚被衣服领带捆绑,其躺于写字桌下,衣裤口袋外翻,头、颈、胸、手臂有多处划伤,胸部有多处刺伤;另一死者(男尸乙),未绑,衣服口袋内有皮夹、票据、证件等物,皮夹内有现金1000多元。其腰部、胸部有多处锐器刺伤,颈部有几条划痕。大卧室床上躺有两名女被害人,均已死亡。其中一被害人(女尸甲)颈部被电器连接线勒住,颈部血管、气管被割断,另一被害人(女尸乙)颈部表皮挫伤,颈部、胸部有多处刺伤。两位女被害人口中堵有内裤,均赤身穿毛衣、赤裸穿外裤,且手脚都被衣服、连裤袜捆绑,都遭强奸。两女尸身下的床单上、床缝中有一枚金戒指、一只玉手镯及一条金项链。大卧室写字台抽匣内物件翻动凌乱,但无血迹,抽屉底部有喷溅血迹。

在另一间较小的卧室内床上躺着一女尸(女尸丙),其颈部、胸部有刀抵痕迹(呈生活反应),颈部被电器连接线勒住,亦为赤身穿毛衣,赤裸穿外裤,也遭强奸,口内堵有内裤。房内写字桌抽屉呈半开状,抽屉外板沾有血迹。

整个现场衣柜、抽屉翻动较大,5名被害人身上金器、BP机等物被劫。据统计,被害人现金丢失大约为600元左右,现场写字台、衣柜等翻动过的物件、触摸过的部位都留有擦拭痕迹。两室一厅的地面都用水冲洗过。

(二)法医鉴定结论

5名被害人身上都有不同程度的抵抗伤,其中两名男被害人死于血气胸,3名女性为窒息死亡,死亡时间均为17日晚10时左右,大卧室写字台抽屉底部的喷溅血迹属于男尸甲的。

(三)现场访问所得

经查,东31幢2单元401室房主是永康人徐某安,目前住在该房的是胡某勤,她以徐的女儿徐某群的名义住在此。

5名死者分别是：

1. 杜某东（男尸乙），男，29岁，金华市电梯厂留职停薪人员；

2. 陈　某（男尸甲），男，29岁，金华县防疫站留职停薪人员；

3. 胡某勤（女尸丙），女，23岁，永康市唐先镇人，和徐某安系亲戚关系；

4. 金某琼（女尸乙），女，24岁，金华市东孝乡人；丈夫屠某贤，东阳人，有一个7岁的儿子，暂住南苑路20号，现与其嫂合开出租汽车；

5. 蔡某静（女尸甲），女，20岁，金华县源东乡人，在远东歌舞厅当服务员，住南苑东1幢3单元101室。

据报案人徐某反映：2月17日晚上21时左右，徐在厨房听到室外有汽车停车的声音，过了一会儿便有人在敲他的门（徐住在2单元301室），他开门后见是3个三十岁左右的男子站在他门口，后面还有1个正往楼上走，其中1个人朝此室内看了看说："不是这儿，是楼上。"待他们上楼后，听到敲门、开门、关门的声音。过了几分钟，听见楼上有来来往往的脚步声，因楼上常常有类似的声音，所以就没有多加注意，继续看电视。大约在23时30分左右，徐看见自家室内墙上有从四楼流下的红色液体，接着听见四楼有长时间的敲门声，便开门出来，见是2个男青年从四楼下来（经查，系"不夜城"娱乐城工作的金某、郑某军），便问他们干什么，他们说四楼门敲不开。徐便把他们带到自己家看从四楼流下的红色液体，认为是血水，担心出事了，徐便和他们一起向公安机关报案。

案件发现人金某、郑某军反映：2月17日上午，他们到胡的住处去玩，并与胡某勤、蔡某静、金某琼、杜某东、陈某一起（共7人）吃了中午饭。饭后，金某、郑某军、杜某东三人一同外出，之后金、郑两人与杜卫东分手，说好晚上再去胡的住处玩。金、郑两人于晚上11时又来到胡的住处，发现了5人被害。经核实，金、郑两人无作案时间。

问题：根据以上情况，提出你对案情的分析判断。

1. 对案件性质的分析。

2. 对作案过程的分析。

3. 对作案人进行"案像分析"。

第六章　现场勘查卷制作实训

【教学重点与难点】

教学重点：现场勘查卷的整理、装订。

教学难点：现场勘查卷的审查。

一、实训原理

现场勘查结束之后，参加现场勘查的人员应及时对勘查中所获得的痕迹、物品以及所制作的各种法律文书进行整理、完善，并装订成册，以便在后续侦查阶段查阅、使用，以及案件侦破后移交相关部门或存档保存。

（一）现场勘查卷的整理

现场勘查是法定的侦查活动，除勘查工作中应遵守相应的法律、法规外，对所形成的法律文书也必须严格履行有关法律手续进行整理制作。现场勘查常见的法律文书主要有现场勘查笔录、询问笔录、讯问笔录、搜查笔录、侦查实验笔录、解剖尸体通知书、提取物品清单、扣押物品、文件清单以及绘制的现场图和现场拍摄的照片、录像资料等。制作中必须按照法定格式进行，法定要求的签字人必须签字或盖章，不可疏忽。

现场勘查时，有些法律文书只是形成了原始的初稿，勘查结束后，勘查人员应及时完成规范的正稿，如现场勘查笔录，在现场勘查阶段往往是简明扼要的手写稿，而移送的侦查主卷中需要的一般是打印稿。所以，侦查人员在勘查结束后，应完成笔录的整理和打印。同时，注意将手写稿存档保存，以便在后续的侦查、诉讼阶段如对打印稿内容有异议时，进行核对。现场图，在现场勘查阶段往往只是手工绘制的草图而已，一般不可能在现场完成规范的、正式的现场图。所以，勘查结束后，侦查人员要按规范要求完成现场图的正稿，有条件的还需要利用电脑进行现场图的制作，使现场图更清晰、美观、规范。现场图的原始草稿亦应存档保存。在勘查阶段，现场照片只是完成了拍摄工作。勘查结束后，现场照片还需要经过冲洗、底片检选、照片的印放和裁剪、照片的编排和粘贴、照片的标引和文字说明、照片的装订和审签等大量的后续制作、整理工作。

现场勘查中获得的痕迹、物品等实物性证据材料按相应的要求妥善整理、保管，避免不同现场之间的物证混淆或物证的破坏、灭失。

(二)现场勘查卷的装订

现场勘查卷作为诉讼证据，是审查起诉、审理判决的重要原始资料，作为档案需要长期保存，所以其装订也非常重要。

1. 现场勘查卷的装订顺序

现场勘查卷的装订顺序一般为：现场勘验检查笔录、勘查时形成的其他的文书、现场绘图、现场照片。每一起刑事案件，不可能使用到所有的文书格式，应按照排列顺序，有几种文书材料就排列几种。物证及不能入卷的视听资料证据，可按保管要求单独处理。

2. 现场勘查卷的装订方法

现场勘查卷应为左装式平订平装本，卷宗材料一般以 100 页为限或厚度不宜超过 20mm，超过时应按内容分为卷一、卷二……分别装订。装订时要根据图文区厚度大小，在订口处加适当厚度衬条；案卷厚度超过 6mm 时，应在卷脊上竖行印贴案卷编号、案卷名称、制卷机关及时间。装订好的案卷应牢固、整齐、清洁、平展。现场勘查卷中内容要经过参与现场勘验的有关专业人员审核，由现场勘查指挥人签发，并在生效标识域加盖单位公章。

3. 现场勘查卷的规格要求

(1)封面。封面尺寸：185mm(±0.5mm) ×260mm(±0.5mm)。

封面内容包括：案卷编号、份号、密级、案卷题名、制作机关、制成时间。

一般案件的密级为秘密，重特大案件为机密，涉外、政治、军事案件为绝密。案卷题名应包括案件发生地域、案件名称、案卷内容，如“××市××乡×××被杀案现场勘查卷”。案卷题名一般应包括被侵害对象及其侵害结果，也可使用有案件代号、案件性质的名称，如“8·18 凶杀案现场勘查卷”。

(2)封二。封二内容包括现场地点、案件名称、案件性质、发案时间、制卷单位、制卷人、审签人、生效标识域、案卷页数、案卷份数。

(3)案情简介。案情简介的内容包括报案时间，案件发生或发现时间、地点,报案人及被害人或事主的姓名、职业、住址及案件发生、发现的经过情况。案情简介应通俗易懂、简练准确。

对以上内容所注明的时间要准确,一般用24时制表示。

(4)目次。对段落层次比较多的现场勘查卷应编写目次。目次内容应包括各段落层次的标题和所在页码,标题与页码之间用“……”连接。

(5)正文。正文是案卷的主要组成部分,其内容包括现场勘查笔录、现场绘图、现场照片等。

二、参考范例

略。

三、实训目的

通过本项目训练使学生学会整理现场勘查卷宗资料,按照规范排序、装订成卷。

四、实训内容

1. 教师事先准备一套完整的现场勘查卷资料,每套复印9份副本(照片卷可用几张空白卡纸代替,封皮可事先印制),并打乱顺序,按训练小组发放给学生。

(注:复印资料可重复使用)

2. 要求学生将资料正确排序,并填好目录和封皮,用资料夹(每组2个)夹好(代替装订)交给教师检查。

3. 检查后,教师应就发现的问题当场点评。

五、实训组织

1. 训练对象与分工

45~46人(1个中队)为一个教学训练单元,每个中队分为9个训练小组,每个小组5~6人。采用分组轮训、分组考核方式进行演练。

2. 训练用品、器材和条件

现场勘查卷材料复印件每宗一式9份,卷宗封皮、目录页多张,资料夹20个。

3. 训练方法和步骤

采用操作训练法、作业训练法，使学生熟练掌握现场勘查卷的内容、制作技巧等。

六、实训案例

略。

第七章　铁路犯罪现场勘查综合实训

【教学重点与难点】

教学重点：铁路犯罪现场勘查各环节的开展。

教学难点：铁路犯罪现场勘查的组织与指挥。

一、实训原理

现场勘查基本技能综合训练项目的设计元素包括现场勘查活动的主要内容，即现场勘查紧急情况处置、现场保护、现场实地勘验检查、现场记录、现场访问、现场分析等。各环节具体内容见前面章节。

二、参考范例

模拟爆炸案件现场勘查流程。

现场勘查人员携带现场勘查器材和设备迅速到达现场，列队。

指挥员对全体民警：集合，向右看齐，向前看，稍息，立正，报数。报告考官：某公安处模勘小组集合完毕，请你指示！

接到案情材料和考官指令后，指挥员回答：是。敬礼后返回队伍前。

指挥员：现在通报案情（接某公安处指挥中心指令，今日7时40分，某公安车站广场发生爆炸案件，现场还遗留不明物品，未接触、移动，要求搜排爆并勘查现场）……明白吗？

勘查组：明白。

指挥员：立即启动爆炸案件现场处置工作预案，成立临时指挥部，下设现场保护组、排爆排险组、消防组、救护组、案件侦查组、现场勘查组、紧急措施组、警犬组、综合组、后勤保障组。立即采取紧急措施：封锁警戒，固定现场！清除爆炸隐患，搜索、抢救伤员！对现场通信环境实地勘测，采集、调取相关数据信息！立即收集各类物证，设卡盘查堵截，追缉堵截嫌疑人，发布通缉通报。

指挥员：排爆排险组穿戴防护用具，做好准备。

排爆组回答：是。（出列准备，着防爆服，戴手套、鞋套。同时由一人负责填写好排爆信息表。按照频率干扰、现场侦测、探测识别、方案制定、排爆实施、现场移交的主要程序开展。）

指挥员：其他人员迅速开展现场保护，放置警示标识，清理并禁止无关人员进入，明白吗？

其余人员回答：明白。（在器材保障区拉警戒带，由一人相向对现场进行照相。将考卷交于一人。）

搜排爆期间由一人负责现场保护，一人负责访问准备。

指挥员来到考官前出示警官证后，并询问。做好记录后，对考官说：你好！我是某公安铁路公安处副处长，根据刑事诉讼法的有关规定，需要邀请你们两位作为现场勘查的见证人，请协助我们工作！

见证人：好。

指挥员：请问姓名、年龄、职业、住址。

见证人：姓名、年龄、职业、住址。

指挥员：在工作中，请按指定路线进出现场，注意不要触动现场任何物品，不得向任何人员透露案件和现场情况，明白吗？

见证人：明白。

指挥员：谢谢！并发放见证人胸牌。（规则规定：参赛人员进入中心现场范围即纳入考核评分。）

指挥员报告：报告考官，我现将现场情况向昆明铁路公安指挥中心汇报：

今日7时40分，某公安车站广场发生爆炸案件，现场还遗留不明物品，未接触、移动，我处已组织搜排爆并勘查现场，请指示！

排爆排险组准备完成后，××向指挥员报告：报告，排爆组准备完毕，请指示。

指挥员回答：××架设频率干扰仪，对现场多角度侦测（某某使用望远镜观测可疑爆炸物情况，确定外形、体积、重量、外包装材料等，重点发现外表有无导火索、裸露的开关探头等。填写观测结果到排爆信息表。）

排爆组：是。（搜排爆通道采集就近原则。）

指挥员:侦查组,对可疑爆炸物进行远距离观测。××:是。

排爆组:××报告,频率干扰仪架设完毕,请指示!

指挥员回答:立即探测!

排爆组:是。(由远及近现场侦测可疑爆炸物裸露的开关探头等。)

指挥员报告:报告教官,指挥部已同有关部门拟定新闻通稿,主要内容为:今日7时40分,某公安车站广场发生一起爆炸案件,无人员伤亡,公安机关正全力调查原因,抓捕犯罪嫌疑人,请大家不要听信谣言,注意自身安全!

排爆组:××报告,现场搜索无人员伤亡、无火情,现场发现行李两件,其中1号为纸箱,长宽高约为几×几×几,估重×公斤。2号为黄蓝相间双肩包,长宽高约为几×几,估重×公斤。外表无导火索、裸露的开关探头(××行李外表有导火索或裸露的开关探头),建议警戒范围100米,请指示。

指挥员:携带设备,迅速确认,注意安全。

指挥员:侦查组,对行李要求侦查组通过互联网购物系统查询来源及订购人信息,调取当日车站视频比对物品持有人。

××:是。

排爆组:报告,经探测,两件行李内均发现疑似爆炸装置,须进一步确认,请指示!(使用金属探测仪、节点探测器、电子听音器要快。)

指挥员:立即确认,注意安全。

排爆组:报告,经探测,1号内有电池组、导线等影像。2号内有电池组、导线、电雷管、炸药等影像。1号装置因结构无法判明,建议转移销毁。2号为有效爆炸装置,结构清晰,具备拆除条件,建议(扰动试验后)现场拆除处置,请指示!

指挥员:同意,注意安全!

排爆组:是。(停止扰动。使用机器人、水炮要快。机器人移动装置要看清地面状况,水炮击发要选择正确的方向。)

排爆组:(假装置销毁前)报告,销毁准备完毕,请指示!

指挥员:进行销毁,注意安全!

排爆组:线路连接正常,检测完毕,销毁倒计时,3、2、1,销毁!(后由××到现场查看,确认后向××打手势通报。)

排爆组:报告,疑似爆炸装置已成功销毁,请指示!(此段要控制在40分钟内,期间适时通报用时。)

指挥员:对爆炸装置按程序处置,注意安全!(炸药、雷管、电池分离。)

排爆组:是。

排爆组：报告指挥员，爆炸装置已成功拆除，请指示！

指挥员：迅速收集爆炸装置解体残片，雷管、电池单独包装，记录并拍照固定后，移交刑事技术部门检验鉴定。

排爆组：是。

排爆组：××报告：现场处理完毕，请指示！

指挥员：搜爆人员对现场扩大范围搜索，确保现场安全。

排爆组：××报告，进一步搜索未发现新的爆炸可疑物，现场安全，请指示！

指挥员：撤收器材。

指挥员：报告，我处爆炸物处置科目考试结束，请您指示！

勘查组、侦查组列队。

指挥员：现在分工，由我担任指挥员，现场访问组由××、××负责，现场勘验组由××等6人负责，××负责记录、绘图，××负责照相，××负责痕迹物证发现，××、××负责理化，这2位是见证人。现在宣布纪律，工作中必须服从命令、听从指挥，程序规范、举止文明。严禁使用个人无线通信设备。禁止无关人员、车辆进入现场。勘查前先确认安全，不做与现场勘查无关的事。待险情排除后，由我和××巡视现场，划定勘查范围。勘查人员更换防护服，做好准备。侦查组立即开展现场访问。明白吗？

勘查人员：明白。

勘查人员抓紧做好现场勘查的准备工作，戴好手套、鞋套、头套、口罩，穿勘查服。某某开始记录并绘制现场方位图、示意图。

指挥员：航拍组准备航拍，对现场进行危险测评和侦查固定（60米以下，360度摄像并拍概览照），航拍人员回答：是（要在1小时后起飞，还未完成搜排爆的就不起飞，先保护现场）。

指挥员：其他人员迅速开展现场保护，拉警戒带，清理并禁止无关人员进入，明白吗？

现场勘查期间由某某负责现场保护，××、××协助搜索。

指挥员：××，随我巡视现场……

指挥员：××、××迅速打开通道……（勘查通道在互不影响的情况下，各队自行协调）

航拍完成后，航拍人员向指挥员报告：××报告，航拍完成，无火情、伤员，发现一炸坑，周边道路畅通，请指示。

指挥员：按程序开展工作。

××向指挥员报告：通道已打开。

指挥员：勘查组列队，入列。按照“先静后动，先下后上，先中心后外围；先重点后一般，先固定后提取”的原则立即开展网格式勘查，明白吗？

勘查人员：明白。

指挥员：警犬组，准备警犬搜索尸块等各类爆炸抛出物。

××：是。

由××照相。××等4人对现场网格线外围进行搜索，放置黄色锥筒进行标识。××和××对网格线内发现的物证插红旗，放置物证牌。××对炸点进行照相，××进行记录和照相，并提取物证，××画物证分布图和绘制现场示意图。××和××对炸点进行勘查（××要向考官报告是否有伤员，是否需要对伤员、尸体进行检查。进行现场快速检测，结合对爆炸现象的分析，初步判明炸药种类），××、××配合××对现场进行勘查，并且对外围现场进行搜索。

现场访问情况和现场勘查物证情况及时向指挥员汇报。指挥员及时回应。各组间也要互动询问。可能涉及的查询：（1）足迹：送全国足迹（鞋印）样本库查询比对（结果告知侦查员）；手印（包装物、胶带）：送实验室提取并入公安部指纹管理信息系统查询比对。（2）烟蒂：送DNA试验室检验，结果入DNA数据库查询。（3）视频信息：调取车站广场或相关部位视频资料。（4）通信信息：提出采集、调取现场通信机站数据或通信信息。（5）现场箱包、各类包装物、填充物：通过互联网购物平台查找其来源、订货人信息等。（6）炸药颗粒、疑似炸药可疑物：入全国民用爆炸物品信息管理平台查询，爆炸烟尘、爆炸残留物检材（爆炸尘土、烟熏痕迹、爆炸装置遗留物、空白尘土）送实验室作理化检验，确定炸药种类。（7）重点人：输入国家反恐情报平台、全国国保重点人员信息平台、铁路实名制信息综合分析系统查询。

指挥员：××，准备就绪后与我到中心现场查看！

××：是。

工作完毕后，××、××使用金属探测仪对现场网格线内进行探测。探测完成后，××等6人和搜爆人员对网格线内清扫。提取物证清单请见证人查看后签字。现场勘查记录请见证人查看后签字。

（勘查完毕后）××：报告，中心现场勘查完毕，请指示！

指挥员：扩大范围继续搜索。

（搜索完毕后）××：报告，进一步搜索完毕，未发现新的情况，请指示！

指挥员：撤收器材，待命。

（全体列队）指挥员：现在临场分析，各组汇报工作情况。

指挥员在确定案件性质后，立即开展物证检验，以物找人，综合排查，采取视频追踪、刑事技术、网络侦查手段，通过警综平台和实名制售票系统查询分析。组织侦查实验，立即进行通报协查和通缉追缉等侦查措施。

指挥员：报告教官，临场分析完毕，勘查工作结束，现场无须保留，请指示！

考官：按程序进行。

（列队）指挥员：清理现场、整理设备、准备撤离。

勘查人员：是。

现场进行清扫。

指挥员：（整队退场）下来各组根据职责分工立即开展工作，明白吗？

勘查人员：明白。

爆炸物处置科目训练规则：

（一）人员：由 5 人组成一个排爆小组，其中搜排爆专业人员 3 名（携带相关资质证明），包括现场指挥员，第一、二排爆手，器材保障员 2 名（由其他参赛人员担任）。

（二）现场实地勘查部分

1. 抓紧做好现场勘查的准备工作，戴好手套、鞋套、头套、口罩，穿勘查服，佩带现场勘查证。

2. 由影像技术员先对现场原始状态进行初步拍照，再由勘查组组长和痕迹技术员为先导，找出一条进入现场的路线（做好标示），全体现场实地勘查技术员根据这条路线，相继进入现场开展现场勘查工作，先由痕迹技术员进入现场寻找脚印等容易受到破坏的痕迹物证，做好固定标记后（放置物证牌），进行相应的保护，影像、法医等技术员再相继进入现场。

注意：

（1）先进行“静”的勘查：观察、拍照、测量，对发现的痕迹、物证（特别是室外）一定要用鲜明标志（如用特色笔注明）加以保护；再进行“动”的勘查：注意发现、提取痕迹物证，提取痕迹、物证时一定要用痕迹物证袋装好，痕迹物证袋上要注明“提取痕迹物证案别”“提取痕迹物证名称”“提取时间”“提取部位”“提取人”等信息，填写痕迹物证提取笔录，并请见证人见证。

（2）在勘查过程中，要注意使用常用的侦查措施，如对现场物证的调查、对现场痕迹物证的检验鉴定、对各种信息系统的利用、技侦手段的使用等。

（3）提取现场犯罪痕迹、物证时一定要先拍照后再提取，并做好物证的登记。要对现场爆炸残留物、包装物、捆扎物等多波段发现提取指纹（没有发现痕迹物证、没有将痕迹物证送检的情况都要扣分）。爆炸残留物提取种类要全，标识要清。炸点处尘土提取 2 份以上。炸坑回填土和压缩壁烟尘表层土。收集

1～2个顺风方向的爆炸尘土,距炸点5米之内,每半米1份,5米外每米1份,20米外酌情收集。尘土空白样本。

3. 现场初检:对现场爆炸残留物及炸坑进行临场初步检验和分析。

4. 信息查询:对现场发现的常见痕迹物证要及时进入案件和违法犯罪人员信息、指纹信息、人像信息、DNA数据库、机动车辆信息、鞋样信息、逃犯信息、失踪人员信息等进行查询。

检验鉴定:对现场发现提取的痕迹物证必须送检的要及时准确地提出检验鉴定需求,注意送检程序、手续、包装规范,委托鉴定的目的、要求是否明确。

现场实验,根据现场情况由现场指挥决定是否实施。

(三)现场勘查后的处理部分

现场继续保留,可交由现场保护人员负责执行。

(四)案件侦查组

训练思路:最先到达现场的民警,主要负责疏散群众;拉警戒线做好现场保护的初步工作;识别爆炸现场的危险源(二次炸弹、血源性病原体、金属碎片、地面上尖锐物体、火、危险物质);组织参与抢救伤员;注意围观群众中是否存在可能的犯罪嫌疑人;保护好证人;应急服务员;保存容易被破坏的证据。

由侦查员负责现场访问部分。

及时登记案发时在场人员的姓名、单位、住址和联系方式,开展现场访问(是否拍摄了能反映案件或现场有关情况的影像资料);对案件有关情况和线索进行侦查;收集、调取、审看现场周边视频监控录像;对相关人员、场所、物品进行搜查。

对伤员进行紧急访问(重伤员先访),访问当时的衣着和随身物品,访问从伤口中清理出的异物并移交勘查组(向考官提出送检验鉴定)。

对现场提取的洗漱袋、螺栓、报纸等填充物、包装物,要从网上购物渠道查找其来源、订货人信息等。

出题思路:刻画嫌疑人特征:分析出爆炸的因果关系、爆炸作案人是内部还是外部人、作案人的个体特征、生活的地域范围,特别是爆炸作案应该具备的条件以及筛选出的小范围的职业等,划定作案人范围。

训练规范:现场访问应当注意了解以下内容:(1)爆炸现象;(2)爆炸发生前后现场人员活动情况以及现场物品的位置和状态;(3)现场可疑人员、物品情况;(4)被访问人在爆炸发生后第一时间的所见所闻,特别是未伤亡人员的所在位置和状态;(5)被访问人在爆炸发生所处位置;(6)现场的破坏情况;(7)现场附近的视频监控设备安装、运行情况;(8)现场附近的单位或个人是否拍摄了能反映案件或现场情况的影像资料;(9)与案件有关的其他情况。调查爆炸现场应当注意查明以下内容:(1)烟的颜色、浓度、位置;(2)光的颜色、强度、次数、间隔时间、光源位置;(3)声音的大小、方向、次数、间隔时间;(4)火的颜色、火势大小、起火与爆炸的先后顺序;(5)气味及其浓烈程度。查明每个现象出现的顺序,被访问人与炸点的位置关系,现场环境条件。调查现场可疑人员应当注意查明可疑人员的体貌特征、携带物品、在现场的活动情况及离开时间、方向。调查现场可疑物品应当注意查明可疑物品的大小、形状、包装物的颜色、材质、形态等。调查爆炸发生前后现场人员活动情况。对嫌疑对象的调查应当注意查明其基本情况、社会关系、矛盾因素、案发前后有无反常表现、是否具备获取爆炸物品的条件、有无制作爆炸装置的能力等。

(五)现场勘查后,组织现场分析,制定侦查措施部分。由现场指挥员召集现场访问组、现场勘查组、网侦人员参加。

1. 制定侦查计划和确定侦查途径。

2. 由侦查员根据现场勘查情况写出案件分析意见、案件侦查工作意见、案件侦查工作计划和侦查工作途径。

3. 录入“现场勘查信息系统”,上网比对。

4. 需完成下列书面材料:

①现场勘验检查笔录;

②现场图、现场照片和现场录像;

③询问笔录。

5. 由侦查人员完成案件侦查工作情况报告;内容包括现场勘验、物证检验、调查访问情况、信息查询结果、案件分析意见和侦查工作措施等;技术人员完成现场物证分析报告。

6. 制作多媒体。

(1)爆炸物处置多媒体汇报。主要汇报现场情况分析、实施程序和方法的依据、处置效果等,要有处置前现场环境图片、X 射线成像图片、爆炸装置结构原理示意图、装置分解后图片等。(总结此次练兵考核,完善公安处爆炸案件现场处置工作预案。)

(2)确定爆炸事件性质。明确是爆炸事件、爆炸事故还是自杀式爆炸。

(3)判定炸药种类。根据爆炸现象、痕迹、炸药成分的快速检测结果判定炸药种类。

(4)估算炸药量。根据炸药盛装物容积、炸坑和空气冲击波超压破坏痕迹估算炸药量。

(5)复原爆炸装置。利用碎片复原爆炸装置的关键组成部件,明确能源、火工品、控制机构、盛装物、填充物、包装物、捆绑物等部件,为下一步物证的溯源工作奠定基础。

(6)现场重建。根据现场勘验及调查访问信息,结合爆炸的周围环境,重建爆炸一瞬间的人和物的位置关系。

三、实训目的

一个合格的勘查人员不仅要掌握各项独立的勘查技能,而且要学会将其整合在一起,使之相互支持、补充,以充分发挥各项技能的优势作用。故本项实训不是简单的重复,而是本教程的重要组成部分。本项目实训主要目的是使学生熟悉犯罪现场勘查的主要工作环节,提高在犯罪现场勘查工作中的团队协作意识,掌握犯罪现场勘查的综合技能,具备对常见几类案件犯罪现场的勘查能力。

四、实训内容

精心设计案例,分模拟接报案、模拟犯罪现场保护、模拟犯罪现场访问、模拟犯罪现场勘验检查、模拟犯罪现场分析、制作完整的现场勘查卷等环节。

五、实训组织

1. 训练对象与分工

每个中队为一个教学训练单元,分为 4 个组,每组 10 人,采取按序轮流实施的方式进行训练。每组可作如下分工:勘查指挥员 1 人,痕检员 2 人,照相员 1 人,笔录绘图员(兼测量员)2 人;访问侦查员 2 人;现场保护兼机动员 2 人。

2. 训练用品、器材和条件

模拟犯罪现场 2 处;勘查器材、耗材、防护用品等;模拟案情设计方案 4 个;综合训练评分表格。

3. 训练方法和步骤

采用模拟勘查演练法,使学生整合所学的全部勘查知识,熟练运用勘查方法,灵活采取勘查策略,全面掌握现场勘查的各项技能,培养学生现场勘查的综合能力。

训练采取以下步骤:

第一步:组织学生观看真实现场勘查录像资料。教师从实战单位收集真实的、记录形式全面的案例资料,利用多媒体教学系统播放给学生观看,引导学生根据所学勘查知识,指出问题所在或说出观感。

第二步:教师精心准备模拟案情设计方案4个,并根据案情设计先布置两处模拟现场场景。

第三步:由两名教师分别带领两组(每组6人)学生评分员进入模拟现场观摩区,对各小组的操作情况进行临场观摩打分,并适时进行录像记录。

第四步:两个训练小组同时分别进行,按所抽中的案情设计方案的编号(1~4号)顺序出场,1/2号在前,3/4号在后。在模拟犯罪现场的准备区,教师当场向1/2号训练小组的学生介绍模拟案情,发放勘查工具、器材、防护用品、耗材等,并要求训练组长填写出场单。

第五步:学生在了解案情后,训练小组长扮作指挥员,由其进行分工部署;正式演练前先将填好的出场单交给老师,然后按照勘查的程序和要求进行模拟演练。

第六步:训练结束后,教师根据学生操作训练的总体情况,用经过编辑的录像进行讲评。

六、实训案例

【案例1】

某日某次旅客列车发生一起盗窃案件,4号车厢一旅客将装有笔记本电脑的黑色电脑包放在103号坐席行李架上后,包内该笔记本电脑被犯罪嫌疑人盗走,价值1万元人民币左右。

一、车厢设置

提前将所需布置的车厢打扫干净。

二、现场布置

1. 所有布置现场人员均需戴头套、手套。布置完现场后不得将无关物品遗留在车厢内。

2. 将事先准备好的电脑包放置于15号硬座旁的行李架上。

三、痕迹物证布置

1. 电脑包一个,内装苏打水瓶一个,胶带缠绕的报纸包裹一个,包裹内放画册一本,硬币一枚。

2. 包裹痕迹布置:胶带纸光面、粘面分别留嫌疑人的右手拇指、食指指印;报纸上留嫌疑人潜在的右手拇指、食指指印;报纸上留“518032173　噢　下个月的今天是莎莎的生日”字样。

3. 苏打水半瓶(瓶口留有生物微量物质),瓶身留失主右手拇指、食指汗液指印各一枚。

【案例2】

模拟杀人案现场勘查训练方案。

(一)接警处置

1.11月1日早晨7点30分,“110”接到报警后立即调管区派出所民警前往案发地保护现场,并报告指挥员。

2.指挥员接警后立即率勘查、侦查人员着装并携带勘查器材,提前20分钟到达现场,由大队长负责列队并向指挥员报告。

3.接到公安部考核组勘查命令后,由指挥员宣布勘查纪律和分工,现场勘查由痕迹、照相、法医各两名负责。由两名侦查员负责现场访问,各参战人员要明确职责,并佩戴头套、手套、脚套、口罩和勘查证进入现场。

4.先由两名侦查员向报案人询问有关案情,与此同时痕迹和照相各一名对外围现场进行巡视,确定保护和警戒现场的范围,并用警戒线对现场进行封锁。并画出安全通道。

5.指挥长根据案件需要指挥“110”调巡警若干人,交警若干人赶到现场,交警负责堵截现场两端的路口,巡警负责现场附近的警戒。

(二)现场访问

侦查员要因人因地注意访问方法。询问有关报案人、发现人、目睹人、受害人亲属和证人,(按司法文书格式做笔录,一人一份材料),要访问案犯逃跑方向,启用的交通工具、衣着特征、身体特征、口音和通信号码以及案犯身上可能沾有血迹等。并迅速向指挥长汇报。指挥员根据案情需要迅速调集有关警种采取相应措施,如手机号监控、堵卡等。与此同时痕迹员要“用现场勘验检查工作记录”进行记录,如报案人姓名、发现时间等,现场勘验完后要见证人签名。

侦查员访问结束后,要迅速填写立案呈批表送指挥员审批,办好相关文书。

(三)现场勘查

1.现场警戒后,先由一名法医通过快速防护踏板进入现场,检查受害人是否死亡,并向指挥员报告,指挥员立即下令由一名照相人员对现场方位和概览进行照相固定。然后站在门口由一名痕检员用光源对室内观察,以发现和确定痕迹,并用静电吸附器对现场地面进行处理,对提取到的鞋印逐个拍照,在地面能直接发现的痕迹要用标识牌标号,对微量物证要用物证袋逐一包装,并注明日期、案由及提取的部位。对尸体原位置要用特色笔标识。

2.再由法医进入室内对尸体衣着、姿势、尸温、受伤部位检验,然后报告指挥员请求将尸体移出现场到解剖室进行尸检,指挥员立即下令由一名照相人员和两名法医将尸体移出现场到解剖室进行解剖。

3.尸体移出现场后痕检员立即叫受害人家属进入现场介绍现场情况,现场有无异常,查看现场的通信设备、电脑等记录显示的号码,以及存折存单是否被盗等,要立即向指挥员报告,指挥员要迅速将情况通报给技侦部门和相关部门。

4. 照相人员对现场进行照录固定后,痕检员要按照先巡视现场,后初步勘查,最后详细勘查的原则。按先静后动、先外后内、先下后上、先无损后有损等规则,利用各种光源对现场进行勘验,对发现的每一处痕迹都要有标识号标注,然后照录固定后方可用物理和化学方法提取。

5. 在室内勘查的同时,另一名痕检员要到外围现场勘查,对案犯行走路线、现场遗留物(如矿泉水瓶)、果皮和鞋印等,都要加标识号照录,然后再提取。对室外的足迹照录后要制作石膏模型。模型上要注明日期、案件名称、案发时间。对有关案犯留下的嗅源加以保护,并向指挥员报告请求警犬追踪。

6. 解剖前由一名法医制作尸体解剖通知书,并要求死者家属在通知书上签字。解剖时要向监考人员询问有关尸体损伤的部位、损伤的程度、损伤的特点和胃内容。尸体解剖在拍全身正反面照相时,应拉卷尺注明尸体长度。尸体解剖完毕,要提取死者的指甲和所有的衣物,应及时向指挥员报告尸体检验情况,如死亡原因、死亡时间、作案工具、推断作案过程、分析作案人数以及尸体处理情况。

7. 整个现场痕迹照录固定后,要采取最佳方法提取痕迹,并记录清楚。法医还要负责对现场上的毛发、烟头、血迹、精斑提取,一定要分别包装。

8. 物证检验:法医根据现场提取的血迹,如血手印、血足迹要向监考人员询问被害人的血型、DNA分型;现场凶器的血型及DNA分型。对现场提取的物证在现场要与死者血型、DNA分型作比对。

9. 痕迹人员对有关现场痕迹,在现场要进行比对鉴定,确定案犯痕迹,也可向考官索要嫌疑人的样本痕迹进行比对。

10. 整个现场勘查完后,全体勘查人员集中在会议室对案情进行研讨。痕检人员对现场进行绘图,制作记录。照相人员对现场方位进行拍照。

(四)现场制作

1. 现场笔录和现场图的制作,由痕迹人员负责。

2. 现场照片和物证的制作,由照相人员负责。

3. 各类痕迹鉴定书的制作和比对分析表,由痕迹人员负责。

4. 法医检验报告,由两名法医负责。

5. 理化验鉴定书的制作,由理化人员负责。

6. 现场重建系统的制作,由痕迹负责。

7. 多媒体汇报材料的制作,由电脑技术人员负责。

8. 影视资料的制作,政治部宣教科人员负责。

9. 现场分析意见的制作,由痕检人员负责。

10. 文检鉴定书的制作,由文检人员负责。

11. 侦查措施的制作,由两名侦查员负责。

12. 现场汇报材料,由支队办公室负责。

(五)注意事项

1. 接警和现场勘查中应注意的事项

现场地点的选择。根据公安部考核组对房屋结构的要求,现场尽量选择环境较好、内部结构较新的,主要是便于照相和录像,以及痕迹物证的发现和提取。

勘查前的准备工作。前一天晚上要把所需的勘查设备全部放入勘查车内,要把最先进的设备带去;当天早上7点要集合完毕,着装到现场附近等待命令。

勘查中各专业要严格操作程序,相互要配合好,切不可打乱仗。对发现的痕迹物证要按顺序一个不漏的进行拍照和录像,拍录时要加标识号标注。

现场勘查只有一上午的时间,对发现的痕迹物证要当场检验,如手机号、血指纹,血足迹等,要当场向考评老师提出来,并要求立即上网比对查询。同时还要及时报告给指挥员,以便勘查中采取相应的侦查措施。

勘查中要请两名见证人参加现场勘查,可请其他技术人员充当见证人,这样勘查中可以互相提醒。

勘查中照相人员工作量较大,现场所有的都离不开拍照,但勘查中只有两名照相人员,室内一名要负责中心现场和现场方位及概览的照相,另一名要负责外围现场和尸体检验的拍照。

勘查中侦查措施、现场调查、路上盘查、医院调查、二手市场控制等镜头另需两名照相人员完成。

现场勘查中全过程的录像和照相由政治部或其他技术人员完成。

2. 现场制作中应注意的事项

照相专业要把整个现场的照片输入电脑进行编辑,并把文字说明一次编排好,使整个现场照片布局合理,层次清楚。最后完成打印和粘贴工作。

痕迹专业整理和制作现场勘查记录,绘制现场方位和平面图。现场勘查记录要在电脑中制作,必须按规定的格式打印,要做到层次清楚,描述准确无误,语言通顺。现场图必须通过绘图软件制作,整个布局美观大方,图例说明标准准确。

现场照片、现场勘验记录和现场图三者能相互印证,特别是照片上和图例上的编号要一致。

法医制作尸检报告书。

痕迹人员制作现场分析意见。

侦查人员制作侦查措施。

电脑技术人员制作多媒体光盘。

支队办公室完成局长汇报材料。

各专业面试答题完毕后,迅速制作各专业鉴定书。要严格按公安部颁布的格式制作鉴定书,照相人员对物证照片进行拍照和编排打印。总的要求是图片清晰,格式标准,标识特征准确,观点明确。

各专业制作的鉴定书还须填写受案登记、委托书、分析比对表。三者缺一不可。

侦查人员整理好案件档案,根据考核组规定的目录要求进行装订(包括侦查和技术材料)。对每一页打上号码,填写好目录,清理有无漏掉的地方。

附 录

附件一 现场勘验笔录

现场勘验单位：________________

指派/报告单位：________________

时间：____年__月__日__时__分

勘验事由：________________

现场勘验开始时间____年__月__日__时__分

现场勘验结束时间____年__月__日__时__分

现场地点：________________

现场保护情况：（空白处记载保护人、保护措施、是原始现场还是变动现场等情况）

天气：阴□/晴□/雨□/雪□/雾□，

温度：________湿度：________风向：________

勘验前现场的条件：变动现场□/原始现场□

现场勘验利用的光线：自然光□/ 灯光□/

现场勘验指挥人：__________单位__________职务__________

现场勘验情况：（空白处记载现场勘验详细情况，包括现场方位和现场概貌、中心现场位置，现场是否有变动，变动的原因，勘验过程、提取痕迹物证情况、现场周边搜索情况、现场访问情况以及其他需要说明的情况）

____

现场勘验制图____张；照相____张；录像____分钟；录音

____分钟。

现场勘验记录人员：

笔录人：________________________________

制图人：________________________________

照相人：________________________________

录像人：________________________________

录音人：________________________________

现场勘验人员：________________________________

本人签名：____________ 单位：________________ 职务：____________

本人签名：____________ 单位：________________ 职务：____________

本人签名：____________ 单位：________________ 职务：____________

本人签名：____________ 单位：________________ 职务：____________

本人签名：____________ 单位：________________ 职务：____________

本人签名：____________ 单位：________________ 职务：____________

现场勘验见证人：________________________________

本人签名：__________ 性别：____ 出生日期：__________ 住址：____________

本人签名：__________ 性别：____ 出生日期：__________ 住址：____________

年　　月　　日

提取痕迹、物证登记表

序号	名称	基本特征	数量	提取部位	提取方法	提取人	备注

见 证 人：

年　月　日

办案单位(盖章)

提取人：

年　月　日

现场勘验平面示意图

制图人：____________________

制图时间：____________________

现场照片

照相人：________________

照相时间：________________

共 6 页　　第 5 页

现场勘验情况分析报告

案件编号：　　　　　　　　　　　　　　　　　　　　勘查号：

现场分析依据的资料	（包括实地勘验、调查访问和检验鉴定等资料）		
侵害目标及损失			
作案地点			
作案时段		作案进出口	
作案手段		侵入方式	
作案工具	（包括用于破坏、威胁、行凶、交通、照明的工具，及其数量和特征等）		
作案动机目的			
案件性质			
作案人数			
作案过程			
作案人特点			
串并意见与根据			
工作建议	（包括侦查方向与范围、痕迹物证应用与保管、侦查破案途径与措施、技术防范对策等）		
现场分析人			

年　　月　　日

附件二　公安机关刑事案件现场勘验检查规则(2015)

第一章　总　　则

第一条　为规范公安机关刑事案件现场勘验、检查工作，保证现场勘验、检查质量，根据《中华人民共和国刑事诉讼法》和《公安机关办理刑事案件程序规定》的有关规定，制定本规则。

第二条　刑事案件现场勘验、检查，是侦查人员运用科学技术手段，对与犯罪有关的场所、物品、人身、尸体等进行勘验、检查的侦查活动。

第三条　刑事案件现场勘验、检查的任务，是发现、固定、提取与犯罪有关的痕迹、物证及其他信息，存储现场信息资料，判断案件性质，分析犯罪过程，确定侦查方向和范围，为侦查破案、刑事诉讼提供线索和证据。

第四条　公安机关对具备勘验、检查条件的刑事案件现场，应当及时进行勘验、检查。

第五条　刑事案件现场勘验、检查的内容，包括现场保护、现场实地勘验检查、现场访问、现场搜索与追踪、侦查实验、现场分析、现场处理、现场复验与复查等。

第六条　刑事案件现场勘验、检查由公安机关组织现场勘验、检查人员实施。必要时，可以指派或者聘请具有专门知识的人，在侦查人员的组织下进行勘验、检查。

公安机关现场勘验、检查人员是指公安机关及其派出机构经过现场勘验、检查专业培训考试，取得现场勘验、检查资格的侦查人员。

第七条　公安机关进行现场勘验、检查应当注意保护公民生命健康安全,尽量避免或者减少财产损失。

第八条　刑事案件现场勘验、检查工作应当遵循依法、安全、及时、客观、全面、细致的原则。

现场勘验、检查人员应当严格遵守保密规定,不得擅自发布刑事案件现场有关情况,泄露国家秘密、商业秘密、个人隐私。

第二章　现场勘验检查职责的划分

第九条　县级公安机关及其派出机构负责辖区内刑事案件的现场勘验、检查。对于案情重大、现场复杂的案件,可以向上一级公安机关请求支援。上级公安机关认为有必要时,可以直接组织现场勘验、检查。

第十条　涉及两个县级以上地方公安机关的刑事案件现场勘验、检查,由受案地公安机关进行,案件尚未受理的,由现场所在地公安机关进行。

第十一条　新疆生产建设兵团和铁路、交通、民航、森林公安机关及海关缉私部门负责其管辖的刑事案件的现场勘验、检查。

第十二条　公安机关和军队、武装警察部队互涉刑事案件的现场勘验、检查,依照公安机关和军队互涉刑事案件管辖分工的有关规定确定现场勘验、检查职责。

第十三条　人民法院、人民检察院和国家安全机关、军队保卫部门、监狱等部门管辖的案件,需要公安机关协助进行现场勘验、检查,并出具委托书的,有关公安机关应当予以协助。

第三章　现场保护

第十四条　发案地公安机关接到刑事案件报警后,对于有犯罪现场的,应当迅速派员赶赴现场,做好现场保护工作。

第十五条　负责保护现场的人民警察应当根据案件具体情况,划定保护范围,设置警戒线和告示牌,禁止无关人员进入现场。

第十六条　负责保护现场的人民警察除抢救伤员、紧急排险等情况外,不得进入现场,不得触动现场上的痕迹、物品和尸体;处理紧急情况时,应当尽可能避免破坏现场上的痕迹、物品和尸体,对现场保护情况应当予以记录,对现场原始情况应当拍照或者录像。

第十七条　负责保护现场的人民警察对现场可能受到自然、人为因素破坏的，应当对现场上的痕迹、物品和尸体等采取相应的保护措施。

第十八条 保护现场的时间，从发现刑事案件现场开始，至现场勘验、检查结束。需要继续勘验、检查或者需要保留现场的，应当对整个现场或者部分现场继续予以保护。

第十九条 负责现场保护的人民警察应当将现场保护情况及时报告现场勘验、检查指挥员。

第四章 现场勘验检查的组织指挥

第二十条 公安机关对刑事案件现场勘验、检查应当统一指挥，周密组织，明确分工，落实责任，及时完成各项任务。

第二十一条 现场勘验、检查的指挥员由具有现场勘验、检查专业知识和组织指挥能力的人民警察担任。

第二十二条 现场勘验、检查的指挥员依法履行下列职责：

（一）决定和组织实施现场勘验、检查的紧急措施；

（二）制定和实施现场勘验、检查的工作方案；

（三）对参加现场勘验、检查人员进行分工；

（四）指挥、协调现场勘验、检查工作；

（五）确定现场勘验、检查见证人；

（六）审核现场勘验检查工作记录；

（七）组织现场分析；

（八）决定对现场的处理。

第二十三条 现场勘验、检查人员依法履行下列职责：

（一）实施现场紧急处置；

（二）开展现场调查访问；

（三）发现、固定和提取现场痕迹、物证等；

（四）记录现场保护情况、现场原始情况和现场勘验、检查情况，制作《现场勘验检查工作记录》；

（五）参与现场分析；

（六）提出处理现场的意见；

（七）将现场勘验信息录入“全国公安机关现场勘验信息系统”；

（八）利用现场信息串并案件。

第五章 现场实地勘验检查

第二十四条 公安机关对刑事案件现场进行勘验、检查不得少于二人。

勘验、检查现场时,应当邀请一至二名与案件无关的公民作见证人。由于客观原因无法由符合条件的人员担任见证人的,应当在笔录材料中注明情况,并对相关活动进行录像。

勘验、检查现场,应当拍摄现场照片,绘制现场图,制作笔录,由参加勘查的人和见证人签名。对重大案件的现场,应当录像。

第二十五条 现场勘验、检查人员到达现场后,应当了解案件发生、发现和现场保护情况。需要采取搜索、追踪、堵截、鉴别、安全检查和控制销赃等紧急措施的,应当立即报告现场指挥员,并依照有关法律法规果断处置。

具备使用警犬追踪或者鉴别条件的,在不破坏现场痕迹、物证的前提下,应当立即使用警犬搜索和追踪,提取有关物品、嗅源。

第二十六条 勘验、检查暴力犯罪案件现场,可以视案情部署武装警戒,防止造成新的危害后果。

第二十七条 公安机关应当为现场勘验、检查人员配备必要的安全防护设施和器具。现场勘验、检查人员应当增强安全意识,注意自身防护。对涉爆、涉枪、放火、制毒、涉危险物质、危险场所等可能危害勘验、检查人身安全的现场,应当先由专业人员排除险情,再进行现场勘验、检查。

第二十八条 执行现场勘验、检查任务的人员,应当持有《刑事案件现场勘查证》。《刑事案件现场勘查证》由公安部统一样式,省级公安机关统一制发。

第二十九条 执行现场勘验、检查任务的人员,应当使用相应的个人防护装置,防止个人指纹、足迹、DNA 等信息遗留现场造成污染。

第三十条 勘验、检查现场时,非勘验、检查人员不得进入现场。确需进入现场的,应当经指挥员同意,并按指定路线进出现场。

第三十一条 现场勘验、检查按照以下工作步骤进行:

(一)巡视现场,划定勘验、检查范围;

(二)按照“先静后动,先下后上,先重点后一般,先固定后提取”的原则,根据现场实际情况确定勘验、检查流程;

(三)初步勘验、检查现场,固定和记录现场原始状况;

(四)详细勘验、检查现场,发现、固定、记录和提取痕迹、物证;

(五)记录现场勘验、检查情况。

第三十二条 勘验、检查人员应当及时采集并记录现场周边的视频信息、基站信息、地理信息及电子信息等相关信息。勘验、检查与电子数据有关的犯罪现场时，应当按照有关规范处置相关设备，保护电子数据和其他痕迹、物证。

第三十三条 勘验、检查繁华场所、敏感地区发生的煽动性或者影响较恶劣的案件时，应当采用适当方法对现场加以遮挡，在取证结束后及时清理现场，防止造成不良影响。

第三十四条 为了确定被害人、犯罪嫌疑人的某些特征、伤害情况或者生理状态，可以对人身进行检查，可以提取指纹信息，采集血液、口腔拭子、尿液等生物样本。犯罪嫌疑人拒绝检查、提取、采集的，侦查人员认为必要的时候，经办案部门负责人批准，可以强制检查、提取、采集。

检查妇女的身体，应当由女工作人员或者医师进行。

检查的情况应当制作笔录，由参加检查的侦查人员、检查人员、被检查人员和见证人签名。被检查人员拒绝签名的，侦查人员应当在笔录中注明。

第三十五条 勘验、检查有尸体的现场，应当有法医参加。

第三十六条 为了确定死因，经县级以上公安机关负责人批准，可以解剖尸体。

第三十七条 解剖尸体应当通知死者家属到场，并让死者家属在《解剖尸体通知书》上签名。死者家属无正当理由拒不到场或者拒绝签名的，可以解剖尸体，但是应当在《解剖尸体通知书》上注明。对于身份不明的尸体，无法通知死者家属的，应当在笔录中注明。

解剖外国人尸体应当通知死者家属或者其所属国家驻华使、领馆有关官员到场，并请死者家属或者其所属国家驻华使、领馆有关官员在《解剖尸体通知书》上签名。死者家属或者其所属国家驻华使、领馆有关官员无正当理由拒不到场或者拒绝签名的，可以解剖尸体，但应当在《解剖尸体通知书》上注明。对于身份不明外国人的尸体，无法通知死者家属或者有关使、领馆的，应当在笔录中注明。

第三十八条 移动现场尸体前，应当对尸体的原始状况及周围的痕迹、物品进行照相、录像，并提取有关痕迹、物证。

第三十九条 解剖尸体应当在尸体解剖室进行。确因情况紧急，或者受条件限制，需要在现场附近解剖的，应当采取隔离、遮挡措施。

第四十条 检验、解剖尸体时，应当捺印尸体指纹和掌纹。必要时，提取血液、尿液、胃内容和有关组织、器官等。尸体指纹和掌纹因客观条件无法捺印时需在相关记录中注明。

第四十一条 检验、解剖尸体时，应当照相、录像。对尸体损伤痕迹和有关附着物等应当进行细目照相、录像。

对无名尸体的面貌,生理、病理特征,以及衣着、携带物品和包裹尸体物品等,应当进行详细检查和记录,拍摄辨认照片。

第六章　现场勘验检查工作记录

第四十二条　现场勘验、检查结束后,应当及时将现场信息录入"全国公安机关现场勘验信息系统"并制作《现场勘验检查工作记录》。其中,对命案现场信息应当在勘查结束后七个工作日内录入,对其他现场信息应当在勘查结束后五个工作日内录入。

《现场勘验检查工作记录》包括现场勘验笔录、现场图、现场照片、现场录像和现场录音。

第四十三条　现场勘验检查工作记录应当客观、全面、详细、准确、规范,能够作为核查现场或者恢复现场原状的依据。

第四十四条　现场勘验笔录正文需要载明现场勘验过程及结果,包括与犯罪有关的痕迹和物品的名称、位置、数量、性状、分布等情况,尸体的位置、衣着、姿势、血迹分布、性状和数量以及提取痕迹、物证情况等。

第四十五条　对现场进行多次勘验、检查的,在制作首次现场勘验检查工作记录后,逐次制作补充勘验检查工作记录。

第四十六条　现场勘验、检查人员应当制作现场方位图、现场平面示意图,并根据现场情况选择制作现场平面比例图、现场平面展开图、现场立体图和现场剖面图等。

第四十七条　绘制现场图应当符合以下基本要求:

(一)标明案件名称,案件发现时间、案发地点;

(二)完整反映现场的位置、范围;

(三)准确反映与犯罪活动有关的主要物体,标明尸体、主要痕迹、主要物证、作案工具等具体位置;

(四)文字说明简明、准确;

(五)布局合理,重点突出,画面整洁,标识规范;

(六)现场图注明方向、图例、绘图单位、绘图日期和绘图人。

第四十八条　现场照相和录像包括方位、概貌、重点部位和细目四种。

第四十九条　现场照相和录像应当符合以下基本要求:

(一)影像清晰、主题突出、层次分明、色彩真实;

(二)清晰、准确记录现场方位、周围环境及原始状态,记录痕迹、物证所在部位、形状、大小及其相互之间的关系；

（三）细目照相、录像应当放置比例尺；

（四）现场照片需有文字说明。

第五十条 现场绘图、现场照相、录像、现场勘验笔录应当相互吻合。

第五十一条 现场绘图、现场照相、录像、现场勘验笔录等现场勘验、检查的原始资料应当妥善保存。现场勘验、检查原始记录可以用纸质形式或者电子形式记录，现场勘验、检查人员、见证人应当在现场签字确认，以电子形式记录的可以使用电子签名。

第七章 现场痕迹物品文件的提取与扣押

第五十二条 现场勘验、检查中发现与犯罪有关的痕迹、物品，应当固定、提取。

提取现场痕迹、物品，应当分别提取，分开包装，统一编号，注明提取的地点、部位、日期，提取的数量、名称、方法和提取人。对特殊检材，应当采取相应的方法提取和包装，防止损坏或者污染。

第五十三条 提取秘密级以上的文件，应当由县级以上公安机关负责人批准，按照有关规定办理，防止泄密。

第五十四条 在现场勘验、检查中，应当对能够证明犯罪嫌疑人有罪或者无罪的各种物品和文件予以扣押；对有可能成为痕迹物证载体的物品、文件，应当予以提取、扣押，进一步检验，但不得扣押或者提取与案件无关的物品、文件；对与犯罪有关的物品、文件和有可能成为痕迹物证载体的物品、文件的持有人无正当理由拒绝交出物品、文件的，现场勘验、检查人员可以强行扣押或者提取。

第五十五条 现场勘验、检查中需要扣押或者提取物品、文件的，由现场勘验、检查指挥员决定。执行扣押或者提取物品、文件时，侦查人员不得少于二人，并持有关法律文书和相关证件，同时应当有见证人在场。

第五十六条 现场勘验、检查中，发现爆炸物品、毒品、枪支、弹药和淫秽物品以及其他危险品或者违禁物品，应当立即扣押，固定相关证据后，交有关部门处理。

第五十七条 扣押物品、文件时，当场开具《扣押清单》，写明扣押的日期和物品、文件的名称、编号、数量、特征及其来源等，由侦查人员、见证人和物品、文件持有人分别签名或者盖章。对于持有人拒绝签名或者无法查清持有人的，应当在《扣押清单》上注明。

《扣押清单》一式三份,一份交物品、文件持有人,一份交公安机关保管人员,一份附卷备查。

提取现场痕迹、物品应当填写《提取痕迹、物证登记表》,写明物品、文件的编号、名称、数量、特征和来源等,由侦查人员、见证人和物品、文件持有人分别签名或者盖章。对于物品持有人拒绝签名或者无法查清持有人的,应当在《提取痕迹、物证登记表》上注明。

第五十八条 对应当扣押但不便提取的物品、文件,经登记、拍照或者录像、估价后,可以交被扣押物品、文件持有人保管或者封存,并明确告知物品持有人应当妥善保管,不得转移、变卖、毁损。

交被扣押物品、文件持有人保管或者封存的,应当开具《登记保存清单》,在清单上写明封存地点和保管责任人,注明已经拍照或者录像,由侦查人员、见证人和持有人签名或者盖章。

《登记保存清单》一式两份,一份交给物品、文件持有人,一份连同照片或者录像资料附卷备查。

对应当扣押但容易腐烂变质以及其他不易保管的物品,权利人明确的,经其本人书面同意或者申请,经县级以上公安机关负责人批准,在拍照或者录像固定后委托有关部门变卖、拍卖,所得款项存入本单位唯一合规账户,待诉讼终结后一并处理。

第五十九条 对不需要继续保留或者经调查证实与案件无关的检材和被扣押物品、文件,应当及时退还原主,填写《发还清单》一式三份,由承办人、领取人签名或者盖章,一份交物品、文件的原主,一份交物品保管人,一份附卷备查。

第六十条 对公安机关扣押物品、文件有疑问的,物品、文件持有人可以向扣押单位咨询;认为扣押不当的,可以向扣押物品、文件的公安机关申诉或者控告。

第六十一条 上级公安机关发现下级公安机关扣押物品、文件不当的,应当责令下级公安机关纠正,下级公安机关应当立即执行。必要时,上级公安机关可以就申诉、控告事项直接作出处理决定。

第六十二条 对于现场提取的痕迹、物品和扣押的物品、文件,应当按照有关规定建档管理,存放于专门场所,由专人负责,严格执行存取登记制度,严禁侦查人员自行保管。

第八章 现场访问

第六十三条 现场勘验、检查人员应当向报案人、案件发现人,被害人及其亲属,其他知情人或者目击者了解、收集有关刑事案件现场的情况和线索。

第六十四条 现场访问包括以下主要内容:

(一)刑事案件发现和发生的时间、地点、详细经过,发现后采取的保护措施,现场情况,有无可疑人或者其他人在现场,现场有无反常情况,以及物品损失等情况;

(二)现场可疑人或者作案人数、作案人性别、年龄、口音、身高、体态、相貌、衣着打扮、携带物品及特征,来去方向、路线等;

(三)与刑事案件现场、被害人有关的其他情况。

第六十五条 现场访问应当制作询问笔录。

第九章 现场外围的搜索和追踪

第六十六条 现场勘验、检查中,应当根据痕迹、视频、嗅源、物证、目击者描述及其他相关信息对现场周围和作案人的来去路线进行搜索和追踪。

第六十七条 现场搜索、追踪的任务包括:

(一)搜寻隐藏在现场周围或者尚未逃离的作案人;

(二)寻找与犯罪有关的痕迹、物品等;

(三)搜寻被害人尸体、人体生物检材、衣物等;

(四)寻找隐藏、遗弃的赃款赃物等;

(五)发现并排除可能危害安全的隐患;

(六)确定作案人逃跑的方向和路线,追踪作案人;

(七)发现现场周边相关视频信息。

第六十八条 在现场搜索、追踪中,发现与犯罪有关的痕迹、物证,应当予以固定、提取。

第十章 侦 查 实 验

第六十九条 为了证实现场某一具体情节的形成过程、条件和原因等,可以进行侦查实验。

进行侦查实验应当经县级以上公安机关负责人批准。

第七十条 侦查实验的任务包括:

(一)验证在现场条件下能否听到某种声音或者看到某种情形;

(二)验证在一定时间内能否完成某一行为;

(三)验证在现场条件下某种行为或者作用与遗留痕迹、物品的状态是否吻合;

(四)确定某种条件下某种工具能否形成某种痕迹;

(五)研究痕迹、物品在现场条件下的变化规律;

(六)分析判断某一情节的发生过程和原因;

(七)其他需要通过侦查实验作出进一步研究、分析、判断的情况。

第七十一条　侦查实验应当符合以下要求:

(一)侦查实验一般在发案地点进行,燃烧、爆炸等危险性实验,应当在其他能够确保安全的地点进行;

(二)侦查实验的时间、环境条件应当与发案时间、环境条件基本相同;

(三)侦查实验使用的工具、材料应当与发案现场一致或者基本一致;必要时,可以使用不同类型的工具或者材料进行对照实验;

(四)如条件许可,类同的侦查实验应当进行二次以上;

(五)评估实验结果应当考虑到客观环境、条件变化对实验的影响和可能出现的误差;

(六)侦查实验,禁止一切足以造成危险、侮辱人格或者有伤风化的行为。

第七十二条　对侦查实验的过程和结果,应当制作《侦查实验笔录》,参加侦查实验的人员应当在《侦查实验笔录》上签名。

进行侦查实验,应当录音、录像。

第十一章　现场分析

第七十三条　现场勘验、检查结束后,勘验、检查人员应当进行现场分析。

第七十四条　现场分析的内容包括:

(一)侵害目标和损失;

(二)作案地点、场所;

(三)开始作案的时间和作案所需要的时间;

(四)作案人出入现场的位置、侵入方式和行走路线;

(五)作案人数;

(六)作案方式、手段和特点;

(七)作案工具;

(八)作案人在现场的活动过程;

(九)作案人的个人特征和作案条件;

(十)有无伪装或者其他反常现象;

(十一)作案动机和目的;

(十二)案件性质;

（十三）是否系列犯罪；

（十四）侦查方向和范围；

（十五）其他需要分析解决的问题。

第七十五条 勘验、检查人员在现场勘验、检查后，应当运用“全国公安机关现场勘验信息系统”和各种信息数据库开展刑事案件串并工作，并将串并案情况录入“全国公安机关现场勘验信息系统”。

第十二章 现场的处理

第七十六条 现场勘验、检查结束后，现场勘验、检查指挥员决定是否保留现场。

对不需要保留的现场，应当及时通知有关单位和人员进行处理。

对需要保留的现场，应当及时通知有关单位和个人，指定专人妥善保护。

第七十七条 对需要保留的现场，可以整体保留或者局部保留。

第七十八条 现场勘验、检查结束后，现场勘验、检查指挥员决定是否保留尸体。

（一）遇有死因未定、身份不明或者其他情况需要复验的，应当保存尸体；

（二）对没有必要继续保存的尸体，经县级以上公安机关负责人批准，应当立即通知死者家属处理。对无法通知或者通知后家属拒绝领回的，经县级以上公安机关负责人批准，可以按照有关规定及时处理；

（三）对没有必要继续保存的外国人尸体，经县级以上公安机关负责人批准，应当立即通知死者家属或者所属国驻华使、领馆的官员处理。对无法通知或者通知后外国人家属或者其所属国驻华使、领馆的官员拒绝领回的，经县级以上公安机关负责人批准，并书面通知外事部门后，可以按照有关规定及时处理。

第十三章 现场的复验、复查

第七十九条 遇有下列情形之一，应当对现场进行复验、复查：

（一）案情重大、现场情况复杂的；

（二）侦查工作需要从现场进一步收集信息、获取证据的；

（三）人民检察院审查案件时认为需要复验、复查的；

（四）当事人提出不同意见，公安机关认为有必要复验、复查的；

（五）其他需要复验、复查的。

第八十条 对人民检察院要求复验、复查的，公安机关复验、复查时，可以通知人民检察院派员参加。

第十四章　附　　则

第八十一条　公安机关对其他案件、事件、事故现场的勘验、检查,可以参照本规则执行。

第八十二条　本规则自发布之日起施行。《公安机关刑事案件现场勘验检查规则》(2005 年 10 月 1 日颁布并实施)同时废止。

附件三　铁路公安机关重大破坏案件现场勘查工作规范(试行)

第一章　总　　则

第一条　为严厉打击各类破坏铁路行车设施设备犯罪,全面提升铁路公安机关重大破坏案件现场勘查能力和水平,根据《中华人民共和国刑事诉讼法》《公安机关办理刑事案件程序规定》《公安机关刑事案件现场勘验检查规则》等规定,结合铁路公安工作实际,制订本规范。

第二条　本规范所指重大破坏铁路行车设施设备案件(以下简称重大破坏案件),是指以爆炸、纵火、置障、拆割等手段破坏铁路交通工具、设施设备,足以造成列车脱轨或颠覆,致重大人员伤亡和财产损失的案件。

第三条　重大破坏案件现场勘查应遵循及时快速、全面细致、客观科学、文明规范、确保安全、以我为主的原则。

第四条　勘查重大破坏案件现场应坚持刑事侦查、刑事技术、技术侦察、网络侦查、视频侦查同步上案,多警种密切配合,打好合成战、信息战、科技战、证据战。

第五条　勘查重大破坏案件现场应按照公安部"一长四必"的工作要求,在刑侦指挥员的统一指挥下进行,各司其职,各负其责,密切配合,整体推进。

根据各级公安机关到达现场的先后顺序,现场勘查指挥员应分别由派出所负责人、公安处和公安局主管刑侦工作的领导递升担任。

第二章　前期处置

第六条　重大破坏案件发生后,各铁路公安局、处应根据案件性质、危害程度,立即调集足够警力赶赴现场,并视情通报当地公安机关支援。

第七条　最先到达现场的派出所负责人应组织警力迅速开展现场保护工作,指定专人划定现场警戒区域,保护、固定重要痕迹物证,查找并询问重点人,随时报告现场处置和案情进展情况。

第八条　案发地派出所或相邻派出所技术员到达现场后,要在初步了解案情和现场范围的基础上,对现场开展全面照相、录像工作,固定原始状态,并做好相关重要痕迹物证的保护、记录或提取。

第九条　公安处主管刑侦工作的副处长应全面了解现场情况,及时调整现场保护措施,组织实施现场勘查和调查访问工作,迅速开展布控查堵、视频调取和重要线索甄别,同时做好与铁路、地方相关部门的协调配合,并随时向上级机关报告现场处置情况。

第十条　公安局主管刑侦工作的副局长应在第一时间调集刑侦、刑技、技侦等警力赶赴现场,组织成立案件侦破指挥部,明确职责分工,调整警力部署和警戒保护措施,指挥开展现场勘查、调查访问、查缉堵截等工作,组织侦查措施制订和推进,并落实做好信息报告、路内路外协调和各项专业保障等事项。

第十一条　重大破坏案件侦破指挥部下设警戒、勘查、访问、搜索、综合材料、专业手段侦查、舆情控制、电子取证、线路防范、后勤保障等小组开展工作。

第十二条　现场警戒组由派出所、治安、交警、刑侦等相关部门人员组成。主要负责现场警戒管制、秩序维护、人员疏散、通道开辟、重要物证保护、现场动态监控等工作。

第十三条　现场勘查组由刑事技术、刑侦、技侦、网安等专业人员组成。主要负责实地勘查现场;发现、固定、提取与案件相关的痕迹、物品,收集现场电磁痕迹信息;提取涉案电子设备、通讯设备、信号设备、存储介质等物证;开展现场分析和现场重建;制作现场勘查工作记录;提出现场保护和现场处理意见等。

第十四条　现场访问组由刑侦、治安、内保及派出所警力组成。主要负责确定调查访问重点和范围;及时开展对铁路相关作业施工人员、目击者、报案人、知情人等访问;第一时间扣押和调取行车信息数据、旅客信息数据等物证。

第十五条　现场搜索组由局、处两级警犬工作队、治安、消防、特警,以及铁路机、车、工、电、辆等部门专业人员组成。主要负责现场搜索、排爆、排险等工作,及时获取线索和物证。

开展警犬追踪时，必须在现场主勘人员参与组织下进行，防止破坏现场痕迹、物证。

第十六条 综合材料组由公安局、处办公室、刑侦、治安内勤人员组成。主要负责制定工作方案、收集整理案件现场信息、协调推进各组工作、传达部署指挥部要求、组织案件分析、通报进展情况、统一保管物证和资料、统一发布协查通报和悬赏通告、拟订法律文书及相关材料等。

第十七条 专业手段侦查组由技侦、视侦、网侦部门人员组成。主要负责技侦数据采集和嫌疑人轨迹分析研判；视频资料搜寻、提取、筛选、处理、研判；网上涉案虚拟身份轨迹追踪、实名信息查证、网上布控等工作。

第十八条 舆情控制组由网安、宣传部门人员组成。主要负责对网络、媒体开展全天候监控；提出舆情应对意见和措施；编发正面舆论引导信息等工作。

第十九条 电子取证组由网侦部门人员组成。主要负责涉案电子设备、电子物证的提取、封存、恢复、分析等工作。

第二十条 线路防范组由治安、交警、特警、派出所人员组成。主要负责对案发地线路区段、其他重点线路区段、重点要害部位开展隐患排查和巡防守候，抓捕现行犯罪嫌疑人，严防再次发案。

第二十一条 后勤保障组由办公室、装财部门人员组成。主要负责用于办公、办案、应急装备的协调配备；提供食宿、交通、通讯等方面警务保障。

第三章 实地勘验

第二十二条 勘查重大破坏案件现场，一般按下列步骤进行：

(一)了解发案和现场处置情况。

(二)巡视现场，划定现场勘查范围。

(三)确定中心现场，开辟现场通道。

(四)排除险情、隐患，确保勘查安全。

(五)按照“先静态后动态，先地面后车厢，先中心后外围，先重点后一般，先固定后提取”的要求，结合现场实际开展全面勘查。

(六)初步静态勘查，分析现场原始状况，做好现场记录。

(七)详细动态勘查，提取痕迹、物证及与案件有关的信息资料。

(八)做好现场善后处理。

第二十三条 勘查爆炸案件现场，一般应遵循下列程序、方法：

(一)围绕爆炸中心点收集和提取爆炸粉尘、爆炸装置遗留物、包装物等，尽快开展现场检测或送检，初步判明炸药种类和爆炸装置类型。

(二)根据爆炸抛出物呈辐射状、立体状分布的规律特点,对涉爆铁路线路、列车车厢或站区采取网格式勘查的方式,即以炸点为中心,将现场划分为若干方形区域,逐区编号、标记。靠近炸点的区域一般以1至2米为单位密集分区勘查;远离炸点的区域可适当扩大分区面积勘查;勘验、搜索的范围一般以炸点为中心,以发现的最远抛出物距炸点距离的1.5倍为半径划定。

(三)对死伤人员开展定位和检验,对现场尸体和尸块应当分别进行定位、编号、照相、录像;对尸体双手部位应在采取保护措施后再进行尸检;对所有伤员开展法医学检验,并照相、录像,记录其损伤部位,初步判断伤情,分别对其原始位置进行定位、编号;对现场尸体、尸块进行个体识别后,应根据尸体、尸块的分布、损伤以及爆炸装置的结构等情况,综合分析死者与炸点的位置关系,判断有无可疑情况。

(四)勘验提取爆炸遗留物或抛出物时,应以炸点为中心向外延伸,搜索、发现爆炸装置残留物、包装物等;对爆炸相关区域分片、分段进行立体式反复观察、搜索;由炸点中心向外围逐步展开,以分区为单位将地面物品清扫集中后用筛子筛选,从中发现爆炸装置残留物;借助金属探测器、磁铁等工具寻找金属残片;沿爆炸抛射方向或打击痕迹挖找;利用警犬搜索尸块、包装物、衣物等各类爆炸抛出物。

第二十四条 勘查爆炸案件现场,应把握如下重点:

(一)以爆炸中心点为勘查重点。勘验记录炸点位置、形态及其周围高温高压作用痕迹、烟痕和气味;对车厢、线路、地面炸坑,或列车炸口进行测量,记录炸坑或炸口的形状、口径、深度,并对炸坑或炸口进行清理,搜索、提取相关痕迹、物品;搜索和提取炸点附近爆炸抛出物,如爆炸装置残片、人体组织或尸块等;根据炸坑痕迹形态、人体炸碎伤、爆炸冲击波超压破坏痕迹、炸药盛装容积估算等情况初步分析炸药量。

(二)以爆炸残留物为勘查重点。提取炸点尘土,对炸坑回填物进行提取并单独包装;对炸点周边附着有爆炸尘痕的车厢板壁、钢板、线路上水泥枕、混凝土石块等较硬介质客体要尽量整体提取,用安全洁净的纱布或脱脂棉签擦拭表面后单独包装;提取分段尘土检材,从炸点开始,按一定的方向、等距离、定面积,把现场地面或物体表面的尘土分别收集、编号包装,提取的距离应根据现场的具体范围确定,一般是每隔0.5~1米提取一份检材,每份检材提取面积不小于0.3平方米,每处提取量不小于10克,收集的范围一般在以炸点为中心的10~20米范围内;提取烟熏痕迹检材,对炸点周边客体上的烟熏痕迹进行定位和整体提取,并做粘取或擦拭提取;提取死者衣物检材时,重点提取炸点周边或炸损严重的尸体衣物；提取现场空白尘土样本，便于在检验中与爆炸尘土进行比对，确定炸药性质。

（三）以爆炸装置遗留物或抛出物为勘查重点。发现、提取雷管、导火索等残片；定时、遥控、触发等引爆控制装置残片；炸药盛装物残片；爆炸填充物；爆炸装置包装物；炸药捆绑物；旅客物品、衣物等；对明显可见的爆炸遗留物要立即拍照固定、编号，记录其位置、形态、与炸点的距离，及与周围物体的相互关系，然后分类提取、包装；对不易发现的遗留物，可采取地毯式方法推进寻找，由中心向外围或由下至上全面搜索，利用金属探测设备或筛滤等方法收集提取，从中发现爆炸物证；搜索爆炸遗留物或抛出物时，应当注意发现破碎严重、有高温高压作用痕迹、抛出较远、分布广泛的爆炸残片。

（四）以爆炸损伤为勘查重点。由爆炸中心逐渐向外按顺序对所有现场伤者、尸体或尸块进行编号定位；对死者衣物和随身携带物品及有效证件等，要进行统一编号、记录，绘制尸体、尸块及伤者位置现场图；法医对现场尸体应逐个查明其爆炸时所处的空间位置及状况，并对死者的身长、体态、肤色、发型、面貌等一般特征和个人特征（疤痕、痣疣、纹身、胎记等）详加记录、照录像固定，同时提取死者 DNA 和十指纹样本；对尸体组织碎块、残肢等进行拼接、复原；对尸体各部位损伤形态、数量、特点和损伤程度进行客观记录并照录像固定；对现场衣服残片进行整复；对炸点附近损伤最重的死者开展重点检验，记录损伤的种类、形态、数量、程度、及与爆炸的关系，收集尸体损伤中的爆炸残留物或遗留物；对受伤人员开展损伤检验，及时查明伤者的姓名、身份、爆炸时的位置姿势，验明、记载损伤的特点和部位，确定伤者爆炸前与爆炸物的关系。

（五）以爆炸现场外围为勘查重点。发现犯罪嫌疑人进入现场前可能观察、隐藏、逗留及存放、安装爆炸装置的场所、部位，提取有关重要物证。

（六）以相关列车设备为勘查重点。固定、提取列车运行记录仪、列车运行记录台账；对其他相关列车进行照录像固定，完整记录机车、车厢型号、车号等情况。

第二十五条 以拆卸或剪割手段破坏铁路设施设备、造成列车颠覆或重大人员伤亡案件现场的勘查，应遵循下列程序和方法：

（一）勘查前巡视现场，熟悉周围环境，及时调整现场勘验方案和保护范围。

（二）现场勘查采取由中心向外围、由地面到车厢、分片分区的顺序，注意对拆卸或剪割位置、侵害目标物、现场遗留痕迹物品等原始状态的记录和勘查。

（三）对易变动、灭失或易遭破坏的痕迹、物品进行先期勘查提取。对遗留在现场可能影响线路开通运行、抢修或检修，可能遭受灭失或破坏的痕迹、物品,应立即照相或录像固定,详细做好变动记录,必要时直接提取并妥善保存。

(四)对整列颠覆列车勘查时,一般采取由中心现场向同一方向展开勘查,逐一拍照、录像,固定车厢内外状态及散落于线路两侧的车辆脱落部件情况,详细记录车型、车号、所处位置、破损程度等。

(五)勘查车钩、折角塞门、列尾装置、风管等机车、车辆重要部件,发现有无异常情况,并进行拍照、录像固定。

(六)勘查发案区段所有联锁闭塞、道岔、钢轨、扣件、轨道电路、信号配线箱、扼流变压器、接触网、防雷贯通线、接触网线、承力索、电力线、通信电缆等设施、设备,发现有无异常情况,并进行拍照、录像固定。

(七)对重要现场出入口和来往路线开展勘查,初步判明是否为犯罪嫌疑人进出现场通道,发现、提取有关痕迹、物证。

第二十六条　勘查以拆卸为手段破坏铁路设施设备案件现场,应把握下列重点:

(一)勘查提取中心现场被拆卸遗留的鱼尾夹板、螺栓螺帽、扣件、垫板以及信号电缆、调谐单元盒、扼流变压器等设施、设备,固定记录物证原始位置、状态。

(二)勘查与被拆卸部位相关联的器材部件,发现、提取作案嫌疑人使用工具时遗留的痕迹或附着物,初步判断作案工具种类和特征。

(三)利用各种光源和设备,寻找、发现犯罪嫌疑人拆卸时遗留在现场地面及钢轨、配件等部位的手印、足迹和生物检材。

(四)寻找、发现作案嫌疑人可能遗留在现场的烟蒂、衣物、作案工具、手套或其他随身物品,以及衣服纤维、血迹、工具分离物等微量物证。

(五)检查机车前部走行部位痕迹形态,与被拆卸的设施设备对应部位进行比对检验;固定、提取列车运行记录仪、列车运行记录台账;对相关列车进行照录像固定,完整记录机车、车厢型号、车号等情况。

(六)对外围现场进行搜索、检查。发现犯罪嫌疑人实施拆卸破坏前踩点、窥探、预伏和逗留等场所,提取与犯罪有关的足迹、烟蒂、工具、随身物等物证。

(七)对犯罪嫌疑人可能进出现场的路线进行勘查。在可能攀爬的护栏,行走的涵洞、沟渠、田地,或存放作案车辆的场所发现提取遗留的足迹、手印、烟蒂、轮胎印迹等。

(八)对整列车厢进行勘查。重点对脱线、颠覆车厢内外状态进行照录像固定,记录车型、车号、破损形态等情况;对其他完好的车厢也要进行照录像固定和记录。

第二十七条 勘查以剪割为手段破坏案件现场时，应把握如下重点：

（一）对被剪割破坏的中心现场进行勘查，提取遗留在线路或列车上的接触网线、承力索、防雷贯通地线、信号设备线、通讯线、电缆线等物证。

（二）勘查提取中心现场遗留的作案扳手、螺丝刀、美工刀、锯、钳、剪等作案工具，以及地面足迹、相关客体或工具上的手印、微量物质和生物检材等物证。

（三）勘查提取被剪割破坏的各类导线断头，根据断头痕迹形态判断作案工具种类，并妥善保管，防止锈蚀。

（四）对进出中心现场的封闭物、障碍物进行勘查。发现提取手印、足迹、作案工具、微量物质、生物检材、嗅源等物证。

（五）对外围现场进行勘查。搜索发现犯罪嫌疑人逗留、休息、坐卧过的场所，提取足迹、作案工具、烟蒂、食物、微量物证及作案车轮印痕等重要物证。

第二十八条 勘查纵火破坏案件现场，应遵循下列程序和方法：

（一）对现场及周边环境详细观察，确定勘查范围和勘查顺序。主要包括：现场有无电器线路、燃油库、管线等可燃物起火的因素；现场周围设备、车厢等部位有无放火或者其他可疑痕迹；着火车辆、部位等燃烧范围、破坏程度、烟熏痕迹，物体倒塌形态和方向；现场周围有无监控录像设备等。

（二）通过火势蔓延路线的初步观察判断，确定起火部位。主要包括：现场不同方向、不同高度、不同位置的烧损程度；垂直物体形成的受热面及立面上形成的各种燃烧痕迹；重要物体倒塌的形态、方向及特征；各种火源、热源的位置和状态；金属物体的变色、变形、熔化情况及非金属不燃烧物体的炸裂、脱落、变色、熔融等情况；电气控制装置、线路位置及被烧状态；有无放火条件和遗留的痕迹、物品等。

（三）根据现场痕迹确定起火点，开展详细勘查。主要包括：起火部位范围内设施、设备及其他物品烧毁、烧损情况；物体塌落、倒塌的层次和方向；低位燃烧痕迹、燃烧终止线和燃烧产物；物体内部的烟熏痕迹；设施、设备、容器、管道及电气线路的故障点；尸体有无非火烧形成的外伤、烧伤人员的烧伤部位和程度等。

（四）开展专项勘验，查找引火源、引火物或起火物，收集证明起火原因的物证。主要包括：电气设备故障产生高温的痕迹；电线短路、接触不良、过负荷痕迹；机械设备故障产生高温的痕迹；管道、容器泄漏物起火或爆炸的痕迹；自燃物质的自燃特征及自燃条件；起火物的残留物；动用明火的物证；需要进行技术鉴定的物品等。

（五）对现场中的尸体进行初步勘查。主要包括：尸体的位置、姿态、损伤情况、烧伤特征、烧损程度、生活反应、衣着等;翻动或者将尸体移出现场前应当编号,通过拍照、录像等方式将尸体原始状况及其周围的痕迹、物品进行固定;观察尸体周围有无凶器、可疑致伤物、引火物及其他可疑物品;初步分析死亡原因。

(六)火灾现场勘查可以根据实际情况采用剖面法、逐层法、复原法、筛选法和水洗法等方法进行。

第二十九条 在铁路上摆放障碍物,致运行列车脱线、颠覆,造成重大人员伤亡和财产损失的案件,现场勘查应遵循下列程序和方法:

(一)对置障物摆放位置、在轨面上形成的痕迹进行勘查,发现提取相关痕迹物证,准确判定撞击点和中心现场涉及的范围。

(二)对列车脱轨点进行勘查,分析确定列车脱轨运行轨迹、撞击点与脱轨点相互间位置、作用关系。

(三)按照先牵引机车后车辆(车厢)、先地面后车上的顺序,对机车、车辆展开勘查。

(四)围绕中心现场开展全面、细致勘查。勘查顺序由中心现场向外围逐步延伸,搜寻、发现犯罪嫌疑人进出现场活动路线和遗留痕迹、物证。

第三十条 勘验置障破坏案件现场,应把握如下重点:

(一)对置障中心点勘验。勘查置障位置、钢轨面上被撞击和擦划痕迹、线路和障碍物破损情况,收集提取遗留障碍物、破损扣件、螺帽螺栓等物证,提取作案嫌疑人遗留的作案工具、包装物、足迹、手印、烟蒂、手套和其他物证。

(二)勘查、搜寻列车脱轨原点。对钢轨面爬轨痕迹、擦划痕迹和落轨痕迹进行测量、拍照、记录固定;对相关车辆脱落配件上的痕迹和附着物详细勘查,分析与障碍物间的关系和形成机理。

(三)勘查机车撞击部位。勘查事故机车撞击障碍物的具体位置、痕迹形态和破损、附着物情况,进行拍照、录像固定,提取保全。

(四)对事故机车室控制台行车记录设备等进行勘查。通过拍照、录像固定案件发生后机车室仪器设备原始状态,提取列车运行记录仪和相关列车运行记录台账。

(五)对整列车厢进行勘查。重点对脱线、颠覆车厢内外状态进行拍照、录像固定,详实记录车型、车号、破损形态等情况。对其他未损车辆也要通过拍照、录像形式进行固定和记录。

(六)对外围现场进行勘查。搜寻、发现被撞障碍物以及犯罪嫌疑人可能遗留的足迹、指印、生物物证、随身物品、作案行驶车辆等痕迹物证。

第四章　痕迹物证保全

第三十一条　与重大破坏案件有关的痕迹、物品都应固定、提取，统一编号，实行一物一包装，并正确填写案件名称、物品名称、提取地点、部位、数量、日期、提取方法和提取人等信息。

第三十二条　对重大破坏案件现场发现的铁路相关设施配件等检材，应据情提取、妥善包装，防止痕迹物证损坏、污染、遗失。对可能遗留指纹、DNA、微量物质等痕迹物证的整片护栏网，可将附着痕迹、微量部分分割提取，以便妥善保全。

第三十三条　送检DNA生物检材应尽量提取原物或截取部分原物，并在现场使用擦拭、粘取等方法先行提取脱落细胞一并送检。

第三十四条　对现场发现的各种纤维、油脂、泥土、金属、油漆等微量物证，在做好细目照相记录固定后，要使用镊子夹取、刀片刮取、棉球擦拭、竹片挑拨和抖动提取，具备条件的可提取原物，将其放入玻璃管(或瓶)、物证袋内包装送检。如果微量物证需要检测金属成分，应当使用非金属的镊子夹取。

第三十五条　对犯罪嫌疑人进出现场遗留在水泥盖板、水泥轨枕、钢轨面等部位的足迹，应先行拍照、录像固定，然后测量记录足迹长度，前掌、后跟宽度。对成趟足迹应测量其步幅、步角，记录足迹的朝向、数量。具备制模提取条件的足迹应制模提取。对灰尘足迹应使用静电吸附法或胶带沾附法提取并拍照，并妥善保存静电吸附膜和胶带纸原物。

第三十六条　对勘查中能够证明犯罪嫌疑人有罪或者无罪的各种物品和文书材料应当予以扣押、提取，但不得扣押、提取与案件无关的物品和文书材料。

第三十七条　铁路相关部门或个人无正当理由拒绝交出与重大破坏案件有关的物品和文书材料的，经现场指挥员批准，可采取强行扣押措施。

第三十八条　侦查、技术人员扣押物品、文书材料不得少于二人，执行时应在见证人见证下，持有关法律文书和警察证进行。

第三十九条　扣押物品、文书材料应当严格按法律程序办理，并在现场勘查工作记录中记录。对不需要继续保留或者经调查证实与案件无关的被扣押物品、文书材料，按规定办理发还手续。

第四十条　对现场提取或扣押的痕迹、物品、文书材料，应开展建档管理，实行专人负责、专门场所存放，并严格执行出入库登记、存档制度。痕迹物证保管要符合法庭科学检验鉴定需要，确保不变形不变质、不污染、不丢失。

第五章　现 场 访 问

第四十一条　重大破坏案件现场访问要在到达现场后的第一时间迅速展开。访问中获取的信息要与实地勘验相互补充,相互印证,及时发现可疑人员、情况和物品。

第四十二条　重大破坏案件现场访问的对象,可根据案件性质、现场环境确定。主要包括发现人、报案人、目击者、知情人,如最先到达现场的救援人员、施工作业人员、车站值班人员、线路巡护和保安人员、机车司机、列车乘务员和旅客、受伤人员、过路群众等。

第四十三条　现场访问应当全面客观、深入细致。要按照何时、何地、何人、何因、何果、何过程、何手段等"七何"要素,围绕案发现场中心区域人员和现场周边区域人员,并紧密结合现场实际而展开。

第六章　现场勘查工作记录

第四十四条　现场勘查工作记录应当客观、全面、详细、准确、规范,并及时将现场信息录入"全国公安机关现场勘验信息系统"。

第四十五条　现场勘查结束后,应对现场勘验笔录、现场图、现场照片、现场录像和录音进行整理,在 7 个工作日内制作完成现场勘查工作记录,并由现场勘查指挥员、勘查人员、见证人签字确认。

第四十六条　对现场进行多次勘查的,在制作首次现场勘查笔录后,逐次制作补充勘查笔录。

第四十七条　现场勘查笔录包括以下基本内容:

(一)首部:笔录文号,现场勘验单位,指派或报告单位及时间,勘验事由,现场地点,现场保护人、保护情况,勘查的起止时间,天气情况,勘验前现场的条件,勘验利用的光线,组织指挥人员等。

(二)正文:主要记录现场位置、现场状况及现场勘验情况。勘验情况要记录与案件现场有关的痕迹和物品的名称、部位、数量、形态、分布等情况;案件发生的时间、地点、区间(线名、公里、米)、相关单位和人员情况;列车车次、到发站、编组情况、机车型号、种类、部位、计长、牵引辆数、吨数情况;承运旅客人数或者货物品名、装载情况;人员伤亡情况;相关设备设施、配件、遗留物等分布情况;机车车辆、线路设施、道路车辆的损坏情况,对铁路行车的影响情况等内容。

记录列车脱轨或颠覆的案件现场时,还要将现场地点前后一定长度范围内的线路设备检查测量情况记录在内;现场前方(列车运行相反方向)一定长度的线路范围内的机车车辆配件脱落、刮碰行车设备的痕迹等情况；脱轨或颠覆列车中有关机车车辆的检查测量数据、运行监测记录等情况。

（三）结尾：提取痕迹、物证情况，扣押物品情况，制图和照相的数量，录像、录音的时间；笔录人、制图人、照相人、录像人、录音人，执行现场勘查任务人员的单位、职务及签名，见证人签名等。

第四十八条 现场勘查人员应当根据重大破坏案件现场情况选择制作现场方位图、现场平面示意图、现场平面比例图、现场平面展开图、现场立体图和现场剖面图等。

第四十九条 绘制现场图应当符合以下基本要求：

（一）绘图要素齐全，包括图题、图框、指北针、图体、图例、说明等，图题格式为“发案时间××线××公里××米破坏铁路行车设施设备案件现场××图”。

（二）完整反映现场的线路位置、范围，上下行情况。

（三）准确反映与犯罪活动有关的重要物体，标明痕迹、物证、尸体、作案工具等具体位置等。

（四）文字说明简明、准确。

（五）布局合理，重点突出，画面整洁，标识规范。

（六）注明测量方法、比例、方向、图例、绘图单位、绘图日期和绘图人。

第五十条 现场照相和录像包括方位、概貌、重点和细目四种，应符合以下基本要求：

（一）影像清晰、主题突出、层次分明、色彩真实。

（二）清晰、准确记录现场方位、周围环境及原始状态，记录痕迹、物证所在部位、形状、大小及其相互之间的关系。

（三）细目照相、录像应当放置比例尺。

（四）现场照片贴纸上加注文字说明。

（五）符合有关行业标准。

第五十一条 现场绘图，现场照相、录像，现场勘查笔录应当相互吻合，互为补充，原始资料应当妥善保存。

第七章 现场实验

第五十二条 为了证实现场某一具体情节的形成过程、条件和原因等，经公安处一级的现场勘查指挥员批准，应采用模拟或演示的方法进行现场实验。

第五十三条 现场实验的任务主要：

（一）验证在现场条件下能否听到某种声音或看到某种情形。

(二)验证在一定时间内能否完成某一行为。

(三)验证在现场条件下某种行为或者作用与遗留痕迹、物品的状态是否吻合。

(四)验证某种条件下某种工具能否形成某种痕迹。

(五)研究痕迹、物品在现场条件下的变化规律。

(六)分析判断某一情节的发生过程和原因。

(七)其他需要通过现场实验做出进一步研究、分析、判断的情况。

第五十四条　根据现场实地勘验和调查访问中发现的问题或疑点,对有关材料进行全面审核、研究,必要时可对现场进一步复验核实,找出疑点或要通过实验加以证实的问题。

第五十五条　现场实验前应拟定方案,主要内容如下:

(一)明确现场实验要查明或证实的问题。

(二)实验应选择与现场相同或相近的时空和条件,实验用相关物品、工具或器材应同现场一致。

(三)同时实验几项内容,则要安排好先后顺序,同一实验项目也要确定实验次数以及各次实验的条件。

(四)根据实验内容,对参加实验人员要明确分工。应在侦查、技术人员共同主持下进行,必要时可以邀请铁路有关专业人员参加。

第五十六条　采用笔录、绘图、照相、录像等方法客观记录现场实验的全过程,制作现场实验记录,主要内容包括:

(一)实验的时间、地点、目的和内容。

(二)实验的方法、过程和结果。主要记明实验的条件,实验的项目、次数和顺序,实验结果的评断及组织领导指挥等。

(三)实验的开始和结束时间,实验时的自然条件。

(四)参加实验人员在实验笔录上签名,有说明意见的应在笔录后注明。

第八章　现场分析

第五十七条　现场勘查指挥员在现场勘查进行中或结束后,应及时召开现场分析会,汇总和分析案件情况,确定案件性质,划定侦查范围和方向,为迅速破案提供保障。

第五十八条　现场分析主要包括下列内容:

(一)分析侵害目标和损失。

(二)分析作案地点、场所。包括所勘验地点是否为作案的原始现场;勘验地点与作案人以及犯罪行为之间存在的各种联系；发案的车次；发案的区段等。

（三）分析作案时间。充分考虑受现场环境、运行列车的影响，作案时间与案发现场通过列车运行时间的对应关系。

（四）分析作案人。确定出入现场的位置、侵入方式和行走路线。

（五）分析作案人数。根据现场遗留的各种痕迹物证，调查访问的信息和现场综合情况进行分析。

（六）分析作案方式、手段和特点。主要依据作案人在现场上的活动规律（如进出口、来去现场的行走路线、作案目标的选择）和使用工具的技术、方法等分析，进而判断作案人职业特点、作案手法，以及是否惯犯等。

（七）分析作案工具。通过现场痕迹遗留的位置、新旧程度、痕迹形态等情况进行分析，判断作案工具特点和种类。

（八）分析作案人在现场的活动过程。根据现场遗留足迹、相关痕迹和物证形成的先后顺序、现场物品的变化规律等确定作案人进出现场的路线、作案过程。

（九）分析作案人的个体特征和作案条件。主要从作案人职业特点（路内、路外人员）、是否惯犯、自然特征（性别、年龄、身高、体态、行走姿式、习惯动作、相貌、口音）、社会特征（姓名、民族、文化程度、生活环境、家庭状况）、特殊技能等方面分析刻画。

（十）分析现场有无伪装或者其他反常现象。

（十一）分析作案动机和目的。通常从被侵害对象、目的物、作案手法和在现场上的活动过程、产生的后果等方面综合判断。

（十二）分析案件性质。根据现场情况判断是否为破坏、行车事故或自然灾害。

（十三）分析是否为系列犯罪，是否具备并案条件。

（十四）分析侦查方向和范围。依据作案时间和地点、作案目的和动机、作案人刻画、是否使用交通工具、是否多次连续作案、现场遗留痕迹物证等现场情况分析。

第九章　现场处理

第五十九条　现场勘查结束后，现场指挥员应做出是否保留现场的决定。对不需要保留的现场，应及时通知有关单位处理。

第六十条　需要保留现场时，应做出整体保留或者局部保留的明确要求，及时通知有关单位妥善保护。

第六十一条　现场勘查中遇有死因未定、身份不明或者其他需要复验的情形时,应当妥善保存尸体。

第十章　现场复验、复查

第六十二条　遇有下列情形之一的,应对现场进行复验、复查:

(一)案情重大、现场情况复杂的。

(二)需要进一步从现场收集信息、获取证据的。

(三)人民检察院审查案件时认为需要复验、复查的。

(四)当事人提出不同意见,公安机关认为有必要复验、复查的。

(五)其他需要复验、复查情形的。

第六十三条　复验现场应由熟悉现场情况的侦查、技术人员参加。人民检察院要求复验、复查现场的,公安机关复验、复查时应通知人民检察院派员到场。

第六十四条　复验尸体需要再次解剖的,应当经铁路公安处负责人批准,并通知死者家属到场。

第六十五条　复验现场后,应将复验、复查信息录入"全国公安机关现场勘验信息系统",并据情确定是否清理或保留现场。

第十一章　专业保障

第六十六条　各铁路公安局、处应加强刑事技术装备建设,针对重大破坏案件现场勘查的特殊情况,应做好常规勘查装备储备,以及组织指挥、现场保护、证据保全等方面装备配备保障工作。

第六十七条　各铁路公安局、处应制订重大破坏案件现场勘查工作预案,开展专业培训和实战演练,提升专业部门以及基层所队的临场处置和现场勘查水平。

第六十八条　各铁路公安局、处应建立健全与地方公安机关的联系协作机制,确保铁路沿线发生重大破坏案件时能够及时得到支援。

第六十九条　各铁路公安局、处加强刑事技术专业队伍建设,注重培养刑事技术骨干、专家力量。基本标准要求是:

(一)基层所队应设立2名以上专职或兼职技术员,熟练掌握现场保护、初步勘查、照录像和取证等基本技能。

(二)公安处刑事技术支队按照每个专业2至3人的标准逐步配齐法医、痕迹、影像、文检等专业技术人员,满足实战需要。

（三）公安局刑事技术部门在具备法医、痕迹、文检专业人员的基础上应配置理化检验人员，具备条件的可开展DNA检验，为侦破重大破坏案件提供技术支持。

第七十条 基层所队技术点应配置数码照相机、摄像机、现场勘查箱、勘查灯、警戒带、足迹提取箱等常规设备及耗材。有条件的公安局、处可为基层所队配置3G/4G视频远程传输单兵装备。

第七十一条 公安处刑事技术支队应配置专用现场勘查车和技术人员出警车辆，并配齐以下现场勘查设备：

（一）配备综合现场勘查箱、平面足迹勘查箱、立体足迹勘查箱、指纹勘查箱、爆炸现场勘查箱、法医勘查箱、微量物证勘查箱、DNA物证提取箱。

（二）配备现场照明灯、现场搜索灯、现场足迹灯、多波段光源、紫外光源、现场生物物证搜索光源等。

（三）为每名刑事技术人员配备照相机、摄像机、执法取证仪、录音笔等设备。

（四）配备各类物证袋及不同型号的物证保管箱、袋、盒等容器，以及塑料薄膜、装尸袋、担架、编号牌、尸体检验表格等。

（五）为每名参加现场勘查的人员配备现场勘查工作服、头套、脚套、手套、口罩、防毒面具、专用勘查鞋等。

（六）配备笔记本电脑、A3彩色打印机、黑白激光打印机、无线上网卡。

（七）配备后勤保障设备，如发电机、无线通信台、车载充电设备、梯子等设备。

（八）配备现场航拍设备。

第七十二条 刑事技术部门应建立装备保养、维护制度，定期开展设备的保养、维护工作，确保性能良好，满足现场勘查需要。

第七十三条 刑事技术部门实行24小时值班备勤制，保持通信畅通，确保能够第一时间赶赴现场开展勘查。

第十二章 工作纪律

第七十四条 在处置重大破坏案件现场过程中，勘查人员应当服从命令、听从指挥，做到勘验规范、举止文明，指挥员、勘查人员必须穿戴防护鞋套、手套、头套、口罩，佩戴现场勘查证。

第七十五条 现场勘查过程中，因抢救伤员、排除险情等特殊情况确需进入现场的，应指定专门通道进出，防止破坏现场痕迹、物证。

第七十六条　现场遇有排爆、排险情形时,应在险情排除后开展勘查,防止造成人员伤害。

第七十七条　现场勘查人员应当严格保守秘密,不得随意泄露现场信息,不得擅自接受新闻媒体采访。

第七十八条　因勘查或防护不当造成现场痕迹、物证人为破坏的,将追究现场指挥员或相关勘查人员的责任。

第十三章　附　　则

第七十九条　对其他重大刑事案件、重大行车事故现场勘查,可以参照本规范执行。

第八十条　本规范由铁路公安局刑侦处负责解释。自下发之日起执行。

图书在版编目(CIP)数据

铁路犯罪现场勘查实训指导 / 刘秋莲主编. -- 北京 : 法律出版社, 2018

ISBN 978 -7 -5197 -2604 -1

Ⅰ. ①铁… Ⅱ. ①刘… Ⅲ. ①铁路运输－刑事犯罪－现场勘查 Ⅳ. ①D918.4

中国版本图书馆 CIP 数据核字(2018)第 191893 号

铁道警察学院 规划教材	**铁路犯罪现场勘查实训指导** **TIELU FANZUI XIANCHANG** **KANCHA SHIXUN ZHIDAO**	刘秋莲 主编	责任编辑 屈 瑶 装帧设计 汪奇峰

出版 法律出版社
总发行 中国法律图书有限公司
经销 新华书店
印刷 三河市龙大印装有限公司
责任校对 杨锦华
责任印制 陶 松

编辑统筹 学术·对外出版分社
开本 720 毫米×960 毫米 1/16
印张 9.5
字数 160 千
版本 2018 年 9 月第 1 版
印次 2018 年 9 月第 1 次印刷

法律出版社/北京市丰台区莲花池西里 7 号(100073)
网址/www. lawpress. com. cn
投稿邮箱/info@ lawpress. com. cn
举报维权邮箱/jbwq@ lawpress. com. cn
销售热线/010 - 63939792
咨询电话/010 - 63939796

中国法律图书有限公司/北京市丰台区莲花池西里 7 号(100073)
全国各地中法图分、子公司销售电话:
统一销售客服/400 - 660 - 6393
第一法律书店/010 - 63939781/9782　西安分公司/029 - 85330678　重庆分公司/023 - 67453036
上海分公司/021 - 62071639/1636　深圳分公司/0755 - 83072995

书号:ISBN 978 - 7 - 5197 - 2604 - 1　**定价**:45.00 元